Ekkehard Kuhn

Schlesische Reise

1000 Jahre Breslau

Ekkehard Kuhn

Schlesische Reise

1000 Jahre Breslau

ULLSTEIN

BERLIN

Inhalt

Vorwort

Ich möchte, daß Niederschlesien für alle ein Märchenland wird. Das verdient es. Seine tausendjährige Leistung, seine einmalige Lage, seine Aspirationen und die Ambitionen all derer, die hier wohnten und wohnen, machen aus diesem Land die stärkste Region Polens und eine bedeutsame Region Europas. Durch seine verwickelte Geschichte, beeinflußt durch viele Kulturen: die polnische, die deutsche, die österreichische, die tschechische, ja sogar die ungarische, wird Niederschlesien zu einer natürlichen Brücke, auf welcher unser Land ins vereinte Europa kommt.«

Diese schönen, anerkennenden und optimistischen Sätze hat der Marschall der Wojewodschaft Niederschlesien, Jan Waszkiewicz, anläßlich der Verleihung des Kulturpreises Schlesien des Landes Niedersachsen im Frühjahr 2000 in der Aula Leopoldina der Universität Breslau gesprochen. Seine Rede beendete er mit den Worten: »Ich schäme mich nicht, daß ich sentimental bin, ich schäme mich nicht zu sagen, daß ich dieses Land liebe, daß ich stolz auf die Leistungen der Menschen bin, die hier einst gewohnt haben, und daß ich stolz bin auf all diejenigen, die heute die Größe Schlesiens bauen.«

Die deutschen Schlesier wurden nach dem Zweiten Weltkrieg aus ihrem Land vertrieben, und Polen, die aus Gebieten vertrieben wurden, die der sowjetische Diktator Josef Stalin annektierte, kamen in das ihnen fremde Schlesien. Der Untergang des Landes mit seinem Namen schien besiegelt. Doch Schlesien, das von vielen Deutschen schon vergessene oder totgesagte Land, lebt. Das historische Brückenland Schlesien verbindet heute drei Nationen: Deutschland, Polen und die Tschechische Republik. In Deutschland gibt es den Niederschlesischen Oberlausitzkreis westlich des Flusses Neiße mit der größten Stadt Görlitz; östlich davon ist Schlesien, das Land von der Größe der Schweiz, polnisch. Seit der polnischen Gebietsreform von 1999 ist es in drei Wojewodschaften gegliedert: in Niederschlesien mit der Hauptstadt Breslau, in die Wojewodschaft Oppeln und in die Wojewodschaft, die den größten Teil von Oberschlesien umfaßt und jetzt nur »Schlesien« heißt. In der Tschechischen Republik liegt das ehemals österreichische Schlesien mit seiner Hauptstadt Troppau.

Schlesien wird derzeit als besondere Region Europas wiederentdeckt. Als der amerikanische Präsident Bill Clinton in Aachen den diesjährigen Karlspreis erhielt, hat er in seinen Dankesworten auch Schlesien erwähnt: »Mit Europa entsteht etwas gänzlich Neues – gemeinsame Institutionen, die über den Nationalstaat hinausweisen, und zugleich die Abgabe demokratischer Autorität nach unten. Schottland und Wales haben ihre eigenen Parlamente. Europa hört wieder alte Namen – Kaledonien, Piemont, Lombardei, *Schlesien*, Transsylvanien, Ruthenien –, diesmal aber nicht im Namen des Separatismus, sondern des Stolzes auf ein Erbe. Nationale Souveränität wird mit dem Leben der Regionen angereichert, die Europa vor seinen internen Divergenzen bewahren, unsere gemeinsame Menschlichkeit unterstreichen und die Gefahr, daß Europa uns noch einmal in einen Krieg stürzt, reduziert.«

Breslau, die gesamtschlesische Hauptstadt, begeht in diesem Jahr ihr tausendjähriges Jubiläum. Im Jahre 1000 wurden unter der Hoheit des Erzbistums Gnesen die Bistümer Breslau, Krakau und Kolberg gegründet. Für mich als Schlesier war es daher naheliegend, das Land mit seiner feiernden Hauptstadt zu besuchen. Mit diesem Buch will ich allen, die sich für das schöne Schlesien interessieren, Gelegenheit geben, mit in der Ferne dabeizusein. Wir haben wunderschöne Bilder auf unserer Reise sammeln können und haben auch mit dem Wetter Glück gehabt.

Wir konnten nicht alle Orte dieses großen Landes besuchen. Aber die Höhepunkte von Niederschlesien mit seiner grandiosen Hauptstadt Breslau sind ausführlich dargestellt. Breslau ist die Hauptstadt aller Schlesier, auch der Oberschlesier, deren Heimat hier nicht behandelt werden konnte. Und das Riesengebirge, sicher eines der schönsten in

Europa, nimmt breiten Raum ein. Schon der weitgereiste Johann Gottfried Seume schwärmte von ihm. »Von allen Gebirgen, die ich gesehen habe, ist das Riesengebirge eines der schönsten und fruchtbarsten. Bloß der Aetna ist beides mehr, und der Apenin zwischen Florenz und Bologna macht ihm den Rang streitig. Von den Alpen wird es übertroffen an Größe und Erhabenheit aber nicht an Freundlichkeit und Reichtum der Natur.«

Breslau mit seiner vielfältigen Geschichte, seiner noch immer, trotz der Zerstörungen im Zweiten Weltkrieg, so reichen Bausubstanz aus Gotik und Barock, Jugendstil und Moderne, mit seiner Entwicklung nach dem Ende des Kommunismus in Polen und der Suche der heutigen Bewohner nach früheren deutschen Wurzeln ist für mich heute die interessanteste Stadt in Mitteleuropa. Hier wird mit dem Zusammenwachsen einer Region an der ehemaligen Nahtstelle von Warschauer Pakt und NATO Geschichte live geschrieben. Schlesien als altes Brückenland hat dabei einen besonderen Auftrag und zugleich eine besondere Chance.

Mit dem Buch will ich Wurzeln und Geschichte des alten Schlesien zeigen sowie die Schönheit seiner Bauten und Landschaften. Ich berichte über den heutigen Zustand von Schlesien und zitiere Aussagen von Polen und Deutschen über seine Chancen für die Zukunft.

Begleiten Sie mich auf der Schlesischen Reise zum 1000-Jahr-Fest von Breslau. Lassen Sie sich einfangen von diesem historisch und kulturell so reichen und schönen Land und der bezaubernden schlesischen Metropole.

Breslau

Recherchenreise im November 1999

Linke Seite:
Das Kur-
fürstenhaus
mit seiner
Bemalung

Dienstag, 16. November 1999. Ich sitze im Flugzeug von Frankfurt am Main nach Breslau. Wir sind über den Wolken. Die ATR-72-Maschine der polnischen Gesellschaft LOT liegt nun ruhig in der Luft, doch der Abflug bei stürmischem Herbstwetter war sehr unangenehm.

Ich habe einen Fensterplatz, schaue hinaus, wo es zu dunkeln beginnt, und lasse meine Gedanken schweifen. Ich freue mich auf Breslau, die schlesische Stadt, die mir mit jedem Besuch besser gefällt und vertrauter wird. Heute beginnt eine viertägige Recherchenreise – zwei Filmprojekte über Schlesien sind für das ZDF und für 3sat in Vorbereitung.

1995 habe ich zusammen mit dem polnischen Autor Andrzej Falber und einem deutschen Team einen ersten, zweiteiligen Film über Schlesien gedreht, der im Sommer 1996 unter dem Titel »Schlesien – Brücke in Europa« im ZDF ausgestrahlt wurde; mein gleichnamiges Begleitbuch erschien bei Ullstein in Berlin – Film und Buch fanden beim Publikum großen Anklang. Dieses Projekt war für mich von besonderer Bedeutung. Schon seit Jahren wollte ich einen Film über Schlesien drehen. Als gebürtiger Schlesier ärgerte es mich, daß dieses schöne und kulturell so reiche Land bei den Deutschen in Vergessenheit geraten war. Öffentlich über Schlesien zu sprechen schien vielen Leuten nicht mehr zeitgemäß und wurde sogar zu einem Synonym für Revanchismus. Daher verspürte ich große Freude, mit einem Film darüber aufklären zu können, daß Schlesien nicht »untergegangen« ist, sondern heute noch weiterlebt. Im Polnischen heißt das Land »Slask«, die slawische Entsprechung für »Schlesien«; beide Namen gehen auf den germanischen Stamm der Silingen zurück, der hier einst siedelte. Auch die

Nachkommen der Polen, die freiwillig oder unfreiwillig in das Land kamen, empfinden sich heute als Schlesier.

Schlesien hat eine einmalige Geschichte. Dank seiner Lage in der Mitte Europas erfüllte es schon immer eine Brückenfunktion zwischen West und Ost, Nord und Süd. In seiner wechselvollen Historie war es erst polnisch, dann böhmisch, habsburgisch und preußisch. Protestanten, Katholiken und Juden praktizierten hier in den letzten beiden Jahrhunderten bis zur Machtergreifung Hitlers die sprichwörtliche „schlesische Toleranz«. Hier kam es aber auch zur gewaltsamen Vertreibung der Deutschen nach dem Zweiten Weltkrieg.

Mein Ziel ist es, daß dieses wichtige Land, das bemerkenswerterweise die meisten deutschen Nobelpreisträger hervorgebracht hat, wieder in das Licht der Öffentlichkeit rückt und die jüngste deutsch-polnische Geschichte zu verstehen hilft. Diesem Ziel ist »Schlesien – Brücke in Europa« ein gutes Stück näher gekommen. »Sie haben in Ihrer Sendung nichts verschwiegen, und dennoch ist es Ihnen mit Ihrem polnischen Kollegen gelungen, den Grundgedanken des Ausgleichs und der Versöhnung konsequent und überzeugend durchzuhalten«, urteilte der deutsche Generalkonsul in Breslau. »Schuld oder Unrecht auf beiden Seiten analysieren und eingestehen, aus dem Unglück der Geschichte Lehren ziehen und Wege in eine gemeinsame Zukunft weisen« – hieß es bei der Verleihung des Bayerischen Fernsehpreises im Nationaltheater in München – »[die Autoren Kuhn und Falber] haben damit dem schwierigen deutsch-polnischen Verhältnis neue Perspektiven gegeben.«

Es gibt viele positive Urteile. Auch in der Laudatio zum Kulturpreis Schlesien des Landes Niedersachsen, der mir im Juni 1998 in Breslau überreicht wurde. Eine gemeinsame deutsch-polnische Jury hatte mich für den Preis vorgeschlagen und die Verleihung fand zu meiner Freude ausnahmsweise im großen Saal des gotischen Rathauses statt. Diese Auszeichnung für mein Bemühen um Schlesien war für mich besonders wichtig.

Nachdem mich Jacek Gaczkowski, der schon 1995 Aufnahmeleiter war und auch bei dem jetzigen Film mitarbeiten wird, vom Flughafen abgeholt hat, checken wir im ART-

Hotel ein. Es liegt in der Ulica Kielbasnicza, der früheren Herrenstraße, ganz in der Nähe der mächtigen gotischen Elisabethkiche. Ein Hotel mit viel Atmosphäre in zwei benachbarten Häusern. Das eine in einem Mischstil von Gotik und Renaissance, in dem schon 1632 die erste Breslauer Zeitung gedruckt wurde. Das andere, wesentlich jünger, wurde um die Jahrhundertwende gebaut.

Wie immer nach der Ankunft in Breslau besuchen wir zuerst den Ring, wie im Schlesischen jeweils der Hauptplatz der Städte genannt wird. Vom Hotel sind es nur wenige Schritte – an der Elisabethkirche vorbei und durch den Torbogen zwischen »Hänsel und Gretel«, den beiden sogenannten Altaristenhäusern, in denen früher die Kirchendiener wohnten. Im Verhältnis zu den umliegenden Häusern und dem hochgewölbten Bau der Kirche nehmen sie sich wie Spielzeug aus.

Der nächtlich beleuchtete Ring imponiert durch seine Größe und Schönheit. Jetzt im kühlen November stehen vor den vielen Restaurants keine Stühle und Sonnenschirme mehr. Es fehlen die bunten Markisen, die im Sommer von den Reizen der Häuser mit ihren so unterschiedlichen architektonischen Formen ablenken. Der Ring wirkt jetzt

Neues und altes Rathaus auf dem Breslauer Ring von Westen

Seite 14/15: Die »Goldene-Becher-Seite« des Breslauer Rings im Süden

noch riesiger als im Sommer – er mißt 212 mal 175 Meter. Seit seiner Entstehung im Jahre 1242 hat er seine ursprüngliche Gestaltung mit elf sich kreuzenden Straßen und Passagen bewahrt. In der Mitte des Platzes befindet sich das gotische Rathaus und, daran angeschlossen, ein Rechteck von Bürgerhäusern mit dem neuen Rathaus. Diese Baukörper stehen nicht im rechten Winkel zu dem umliegenden Häusergeviert, sondern sind vielmehr um etwa 15 Grad versetzt. Flugaufnahmen von schlesischen Stadtkernen zeigen oft diese architektonische Besonderheit. Mit ihr sollte die langweilige Wirkung von Rechtecken im gleichen Winkel vermieden werden.

Selbst Kaiser Karl IV., dessen prachtvolle Bauten den mittelalterlichen Stadtkern von Prag zu einem der schönsten der Welt werden ließen, nannte Breslau seine schönste Stadt in Böhmen und Schlesien, den Ländern seiner königlichen Hausmacht.

Dem Habsburger Kaiser Ferdinand I. gefiel die Stadt so sehr, daß er sie genau vermessen ließ und herausfand, daß Breslau – auch ohne Dom- und Sandinsel – einen größeren Umfang hatte als die kaiserliche Hauptstadt Wien. Bei Audienzen soll er die Frage gestellt haben »Kennt Ihr Breslau?«, und bei einer Verneinung habe er mit der Bemerkung reagiert: »Dann habt Ihr bisher noch keine schöne Stadt gesehen!«

Zwar gibt es in Breslau unter den mehr als hundert Brücken keine, die es mit der unvergleichlich schönen Karlsbrücke in Prag aufnehmen könnte, doch kann der Prager Ring weder von den Ausmaßen noch von der architektonischen Geschlossenheit her mit dem Breslauer Ring mithalten. Ich kenne in ganz Europa keinen Platz, der größer und schöner ist als der Breslauer Ring und zugleich 26 Restaurants und Cafés beherbergt. Er schlägt zu allen Jahreszeiten die Besucher in seinen Bann und zeugt noch heute vom ehemaligen Reichtum und der damaligen Modernität dieser ostdeutschen Handelsstadt an der Schnittstelle von Hoher Straße zwischen West und Ost und der Bernsteinstraße von Nord nach Süd. Den polnischen Breslauern ist es zu verdanken, daß der einmalige Ring, der Stadtkern mit seinen Häusern und Kirchen, nach den Zerstörungen durch den Zweiten Weltkrieg so bewundernswert und stilgetreu wie-

*Das alte goti-
sche Breslauer
Rathaus von
Osten*

der aufgebaut wurde. Noch nie war der Ring so schön wie heute. Der aufgeputzte wilhelminische Stuck der Jahrhundertwende und die verschandelnde Bemalung der Barockhäuser mit Firmennamen und Reklameschildern sind verschwunden. Schon seit Jahren ist der Ring Fußgängerzone. Hier stören weder Verkehrslärm noch Abgase die Besucher. Zusammen mit Jacek Gaczkowski bewundern wir die angestrahlten Häuser und das Filigran an der Südseite des Rathauses. Feierlich ragt der hohe Ostgiebel in den Nachthimmel; das vergoldete Zifferblatt der astronomischen Uhr glänzt inmitten der rotbraunen Backsteinmauern. Zu Recht ist das Rathaus mit seinen so unterschiedlich gestalteten Seiten und seiner Kombination aus Gotik und Renaissance das unbestrittene Wahrzeichen dieser Stadt, die im Mittelalter zu den größten in Deutschland gehörte. Welch ein Glück, daß dieses Gebäude im Zweiten Weltkrieg nur wenig zerstört wurde. Es ist nicht nur der Mittelpunkt des Rings, sondern der ganzen Stadt.

Am nächsten Morgen, bevor wir zu unserer Verabredung ins neue Rathaus gehen, umrunden wir bei strahlendem Sonnenlicht erneut den Ring, dessen vier Seiten, historisch

Die »Kur-
fürsten-Seite«
des Breslauer
Rings
im Westen

bedingt, unterschiedliche Namen tragen. Die »Kurfürsten-Seite« verdankt ihren Namen dem bemalten Haus mit den sieben Kurfürsten, die nach der Goldenen Bulle Kaiser Karls IV., dem Grundgesetz des Römischen Reiches, den deutschen König wählten, der dann zum Kaiser des Heiligen Römischen Reiches deutscher Nation gekrönt wurde. Der Süden des Rings hieß früher »Goldene-Becher-Seite«, nach dem goldenen Becher am Giebel eines Hauses. Die »Grüne-Röhr-Seite« im Osten geht auf einen grünen Röhrenbrunnen zurück. Im Norden liegt die »Naschmarkt-Seite«, wo früher Süßwaren und Obst verkauft wurden. 1995, als wir unseren ersten Schlesien-Film drehten, wurde auf dem Ring und dem sich direkt anschließenden Plac Solny, dem Salzmarkt, mit der Neugestaltung des Pflasters begonnen. Jetzt bedeckt zweifarbiger schlesischer Granit die weiten Flächen der beiden Plätze, und die früher so häßlichen Beleuchtungskörper sind durch stilvolle Kandelaberlampen ersetzt, die ihnen eine festliche Note verleihen.

Auf dem Ring sind viele schöne Häuser zu bewundern. Das »Greifenhaus« mit den namensgebenden Tieren, Adlern und Löwen an seinem Giebel war zu seiner Entstehung Ende des 16. Jahrhunderts das größte Patrizierhaus der Stadt. Am

Barockhäuser
auf der
»Kurfürsten-
Seite« mit der
Elisabethkirche

Haus »Zu den Sieben Kurfürsten« prangen seit dem Sommer 1993 wieder die Fresken mit dem römisch-deutschen Kaiser Leopold I. und den sieben Kurfürsten. Unter ihren Bildern steht der deutsche Text »Deme Gott und/ die höchste Obrigkeit/ wol wiel, schadet/ kein Neyder noch Verleumder«, was etwa soviel bedeutet wie »Dem Erfolgreichen kann Mißgunst nicht schaden«. Anders als in der kommunistischen Ära werden nun die deutschen Spuren bewußt wieder ins Blickfeld gerückt.

Zwischen diesen beiden auffälligen Gebäuden befinden sich die Häuser »Goldener Adler«, »Polnischer Hof«, »Zur Goldenen Sonne« und »Zur Blauen Sonne«, in denen sich Restaurants befinden. Der einzige Fremdkörper auf dem sonst so harmonischen Ring ist das Sparkassenhochhaus an der Ecke zum benachbarten Salzmarkt. In den zwanziger Jahren wurde es erbaut, und es gab damals sogar Pläne für mehrere riesige Beton-Hochhäuser am Ring. Zum Glück wurden sie nicht verwirklicht, denn dann wäre der schöne Platz für immer verschandelt gewesen.

Auf dem Salzmarkt, der früher auch Polenmarkt und Blücherplatz hieß, gab es im Krieg große Zerstörungen. Doch beim Wiederaufbau wurden die zum Teil klobigen

20   *Breslau*

Häuser von den Polen glücklicherweise durch ältere, stilvolle Hausmodelle ersetzt. Der kleinere Platz mit seinen Blumenständen hat eine intimere Atmosphäre als sein großer Bruder nebenan. Das ganze Jahr über gibt es hier ein großes Angebot von Blumen.

Als wir jetzt mit Jacek Gaczkowski um das Rathaus in die »Grüne-Röhr-Seite« einbiegen, wird es wieder wolkiger. Sollte das schöne, wenn auch kalte Wetter sich verschlechtern?

Wir sind im Neuen Rathaus im Büro für das Millenniumsfest von Breslau. Im Jahr 2000 feiert die Stadt, die seit der polnischen Gebietsreform vom Juni 1999 auch offiziell wieder Hauptstadt von ganz »Niederschlesien« ist, das tausendjährige Jubiläum ihrer Bistumsgründung. Im Jahr 1000 n. Chr. hatte Kaiser Otto III., der sich zusammen mit Papst Silvester II. als Oberhaupt der Christenheit fühlte, eine Wallfahrt nach Gnesen an das Grab des heiligen Adalbert unternommen. Dort traf er sich mit dem späteren polnischen König Boleslaus dem Tapferen, um die Gründung des Erzbistums Gnesen zu bestätigen, das zuvor in Rom vom Papst beschlossen worden war. Dem neuen Erzbistum

Blumenstände auf dem Breslauer Salzmarkt

Linke Seite: Das Kurfürstenhaus mit seiner Bemalung

22   *Breslau*

wurden drei neugeschaffene Bistümer zugeordnet: Krakau, Kolberg und Breslau.

Im Millenniumsbüro erzähle ich, daß ich vorhabe, aus Anlaß dieses Jubiläums einen zweiteiligen Film »Schlesische Reise – 1000 Jahre Breslau« zu produzieren und das Breslauer Fest im Sommer als dessen Höhepunkt darzustellen.

»Das freut uns sehr«, antwortet Frau Grochowska auf deutsch.

Sie überreicht uns eine deutsche Ausgabe des Festprogramms. Auf dreieinhalb Seiten sind die Highlights des Jahres aufgelistet. Unter der Überschrift »Festspiele, Theater, Musik« finde ich als Punkt 7: »29. Juni – New Yorker Philharmonie unter der Leitung von Kurt Masur«.

»Das ist ja etwas ganz Besonderes«, staune ich.

»Ja, darauf sind wir auch sehr stolz.«

Wir stellen zu diesem Ereignis weitere Fragen. Der Chef von 3sat, Engelbert Sauter, hatte mich gebeten, in Breslau nach besonderen Aufführungen zu fahnden, die für eine Live-Übertragung im Satellitenprogramm geeignet wären. Die New Yorker Philharmoniker in Breslau wären ein wahrer Leckerbissen.

Weil ich für unseren nächsten Termin an der Universität noch etwas mitnehmen will, gehen wir wieder zum Hotel zurück. Eben sind wir von einem deutsch sprechenden Breslauer auf das neue Denkmal für Dietrich Bonhoeffer vor der Elisabethkirche aufmerksam gemacht worden. Der stilisierte Torso eines Menschen glänzt in Bronze in der Sonne, die nun nach einem Graupelschauer wieder scheint. In das Straßenpflaster eingelassene Tafeln verkünden auf deutsch und polnisch:

Das Denkmal für Dietrich Bonhoeffer vor der Elisabethkirche

Dietrich Bonhoeffer wurde am 4. Februar 1906 in Breslau geboren. Evangelischer Pastor und Theologe, Mitglied des deutschen Widerstands gegen den Nationalsozialismus, Vorkämpfer der Ökumene und Märtyrer für den christlichen Glauben. Ermordet im Konzentrationslager Flossenburg am 9. April 1945.
Organisationskomitee
»Für Dietrich Bonhoeffer«

Auf der gegenüberliegenden Tafel wird mitgeteilt, daß es sich hier in Breslau um eine Zweitfassung des Originals handelt, das in Berlin-Mitte an der Zionskirche, der Wirkungsstätte von Bonhoeffer, steht.
Wir gehen durch die Elisabethkirche, die erst seit 1997 wieder zugänglich ist. Ihre Geschichte ist tragisch. Schon 1529 stürzte die Spitze des Turms, der mit seinen 130 Metern der höchste in Schlesien war und mit dem Turm des Stephansdomes in Wien wetteifern wollte, bei einem Sturm in die Tiefe. Doch zum Glück kam dabei niemand zu schaden, wie eine Gedenktafel an der Außenwand des Turms berichtet. Nachdem diese evangelische Kirche den Zweiten Weltkrieg fast ohne Zerstörungen überstanden hatte, verlor sie bei

*Die Elisabeth-
kirche neben
dem Ring
mit dem
Bonhoeffer-
Denkmal*

einem Brand im Jahre 1977 fast die gesamte Inneneinrichtung, darunter auch die berühmte Orgel des schlesischen
Meisters Michael Engler. 1995 durfte unser Team nach dem
Drehen vom Turm einen Blick in das Innere der gotischen
Kirche werfen. Im Chorgewölbe wurden gerade alte Malereien restauriert. Jetzt beeindruckt das große dreischiffige
Gotteshaus mit seinen klaren Linien und den vielen ange-
bauten Kapellen, deren steinerne Denkmäler den Brand
überstanden haben.

Später stehen wir vor der Universität, einem prachtvollen
Barockgebäude. Mit 170 Meter Länge ist das dreistöckige
Hauptgebäude, das 1728 begonnen wurde, der größte Barockbau der Stadt. Über dem Portal mit der Inschrift »Uni-
versitas« prangt ein Balkon mit vier großen Sandsteinfigu-
ren, die die vier Kardinaltugenden verkörpern: »Klugheit«,
»Gerechtigkeit«, »Tapferkeit« sowie »Zucht und Maß«.
Darüber erhebt sich ein rechteckiger Turm, der gerade frische gelbe Farbe erhalten hat. Auf seiner breiten Terrasse
stehen die Symbolfiguren der vier alten Fakultäten: des
Kanonischen Rechts, der Theologie, der Astronomie und
der Medizin. In seiner Mitte erhebt sich ein graziler run-
der Turm mit einer schlanken barocken Haube. 1995 hatten

*Das ART-Hotel
neben der
Elisabethkirche*

wir mit großem technischen Aufwand in der verschwen-
derisch ausgestatteten berühmten Aula Leopoldina, die
den Namen ihres kaiserlichen Gönners trägt, gedreht. Wenige Wochen danach wurde uns mitgeteilt, daß das Gemälde des preußischen Königs Friedrichs des Großen und andere aus der Aula gestohlen worden waren. Wir waren die
letzten, die sie abgelichtet hatten. Bis heute sind sie nicht
wieder aufgetaucht. 1998 wurde in der Aula Leopoldina der
zweite Akt von Toska aufgeführt, der in einem Palast spielt.
Für mich war dies ein einmaliges Erlebnis in jenem Raum
mit den an der Decke und den Wänden schwebenden Fi-
guren.

Bis 1811 war die »Leopoldina« eine katholische Hochschu-
le. Dann wurde sie zu preußischer Zeit, nach der Auflösung
der Universität Frankfurt (Oder), um drei Fakultäten ergänzt: Medizin, Rechtswissenschaft und evangelische
Theologie. Nun war Breslau die erste und einzige Universität in Deutschland, an der katholische und evangelische
Theologie gelehrt wurde. Daß dies gerade in Schlesien ge-
schah, hatte mit der konfessionellen Spaltung des Landes zu
tun, aber eben auch mit der sprichwörtlichen schlesischen
Toleranz zwischen Katholiken und Protestanten.

Unser jetziger Besuch gilt Professor Karol Jonca im juristischen Institut gegenüber dem historischen Gebäude der Universität. Die Geschichte von Breslau ist seine große Leidenschaft, er ist Autor und Herausgeber von Büchern über die Stadt. Unter anderem hat er die Tagebücher des deutschen Pfarrers Paul Peikert veröffentlicht, der die Geschehnisse in seiner Gemeinde und in der Stadt niedergeschrieben hat. In deutscher Sprache ist das Buch unter dem Titel »Festung Breslau – in den Berichten eines Pfarrers« im Breslauer Verlag Ossolineum erschienen. Mit Professor Jonca, der fehlerfrei deutsch spricht, unterhalte ich mich über mein zweites Filmvorhaben. Für unsere sechsteilige Serie »Die große Flucht« bin ich Autor für den Schlesien-Teil, der sich vor allem mit Breslau beschäftigt.

Das Schicksal dieser Stadt am Ende des Zweiten Weltkrieges war eine Tragödie ohne Beispiel. Am 12. Januar 1945 hatte der Großangriff der Sowjet-Armeen im Osten begonnen. Mit dem Durchbruch der Roten Armee und ihrem schnellen Vormarsch nach Westen nahte das Verhängnis für die Metropole an der Oder. Von 640 000 Einwohnern Breslaus in Friedenszeiten war die Zahl durch Industrieverlagerungen und den Zuzug andernorts Evakuierter auf über eine Million angewachsen. Breslau galt als bombensicher, weil es außerhalb der Reichweite britischer und amerikanischer Flugzeuge lag. Die Stadt war zum ›Luftschutzkeller des Reiches‹ geworden.

Am 19. Januar, von einem Tag zum anderen, wurde Breslau zur Festung erklärt. Gauleiter Hanke ließ am nächsten Tag über Lautsprecher auf den Straßen verkünden: »Frauen mit Kindern und Alte verlassen die Stadt zu Fuß in Richtung Opperau-Kanth!« Dieser Befehl wurde gegeben, weil die Züge zum plötzlichen Transport von mehreren hunderttausend Menschen nicht ausreichten.

Bei 20 Grad unter Null zogen Zehntausende von Frauen mit Kinderwagen, Schlitten, Leiterwagen und ihren Kindern auf den verschneiten und eisigen Straßen nach Westen. Für Tausende, vor allem für Säuglinge und Alte, war es die letzte Nacht. Die überstürzte, völlig unvorbereitete Evakuierung der Breslauer Mütter, Kinder und Alten, die bei diesem Wetter für so viele zum Todesmarsch werden mußte, war ein verbrecherischer Akt des Gauleiters. Er wollte die

Menschen schnell los sein, die zur Verteidigung der Stadt nicht taugten. Noch vor wenigen Wochen hatte ich in München in unserem Jahrhundertbus Frauen interviewt, die den Fußmarsch oder die Flucht in Zügen mitgemacht haben; ihre Schilderungen waren ergreifend.

Anfang Februar 1945 rollten die ersten Stalin-Panzer gegen die Stadt. Entgegen allen Erwartungen griffen die Russen Breslau zuerst im Süden an, der bald in hellen Flammen stand. Hier wurde auch die Hitler-Jugend eingesetzt; Hunderte von halbwüchsigen Jungen wurden brutal verheizt. Gauleiter Hanke war auch nicht davor zurückgeschreckt, den zweiten Bürgermeister von Breslau, Wolfgang Spielhagen, öffentlich auf dem Ring hinrichten zu lassen, weil er sich, die Niederlage Deutschlands vor Augen, Hankes Kurs verweigerte und Menschenleben wie auch die Schönheit Breslaus retten wollte.

Mitte Februar war die zur Festung erklärte Stadt, die überhaupt keine eigenen Befestigungen besaß, rundum eingeschlossen. Der Süden Breslaus versank in Schutt und Asche. Danach der Westen. In Gandau ging der letzte Flugplatz verloren, und Gauleiter Hanke hatte eine neue Idee, die wiederum Tausende das Leben kostete. Mitten in der Stadt mußte ein neuer Flugplatz gebaut werden. Im Südosten zwischen Kaiser- und Fürstenbrücke wurden dafür ganze Häuserzeilen, selbst Kirchen gesprengt. Ausländische Arbeiter, die in der Festung bleiben mußten, und alle noch nicht verjagten Frauen wurden zum Bau des Flugplatzes eingesetzt. Täglich fielen Hunderte den russischen Fliegerangriffen zum Opfer. Zugleich wurde die Zivilbevölkerung von einem Stadtteil in den anderen gehetzt und eine Arbeitspflicht für jeden Einwohner verhängt, auch für Kinder: für Jungen ab dem zehnten und für Mädchen ab dem zwölften Lebensjahr. Jede Arbeitsverweigerung wurde mit standrechtlicher Erschießung bedroht.

In den Ostertagen wurde das eingekesselte Breslau massiv von sowjetischen Fliegern bombardiert. Nun brannte die ganze Stadt. In der Nacht vom 5. zum 6. Mai verließ Gauleiter Hanke feige die Stätte seines unheilvollen Wirkens in einem »Fieseler Storch«, dem einzigen Flugzeug, das je von der aus dem Boden gestampften Piste gestartet war. Am

6. Mai kapitulierte General Niehoff, der Festungskommandant, auf Bitten von Vertretern der evangelischen und der katholischen Kirche.

70 Prozent von Breslau waren zerstört, im Süden und im Westen waren es sogar 90 Prozent. 80 000 Zivilisten und 6000 Soldaten waren in der Stadt umgekommen, weitere Zehntausende starben auf der Flucht. Eine grausame Bilanz. Noch immer steigt Wut in mir auf über den von Hitler angezettelten Krieg, der dieses schöne Breslau nicht nur so schwer zerstört, sondern auch zur Vertreibung der deutschen Breslauer und der anderen Ostdeutschen geführt hat. In die Trümmer der Stadt kamen nun Polen, die aus Gebieten vertrieben wurden, die sich die Sowjetunion einverleibt hatte, aber auch aus anderen Gegenden. Heute ist Breslau eine polnische Stadt, wie es früher eine deutsche war. Die niederschlesische Hauptstadt hat jetzt 650 000 polnische und nur 500 deutsche Einwohner. »Breslau ist weltweit die größte Stadt der Neuzeit, die einen vollständigen Austausch ihrer Bevölkerung erlitten hat.« Diesen bemerkenswerten Satz hatte ich in einem vom Direktor des Historischen Museums, Maciej Lagiewski, herausgegebenen Buch gelesen. Im alten deutschen Breslau hatte nur ein Prozent der Bevölkerung die polnische Staatsangehörigkeit besessen. 58 Prozent der Bewohner waren evangelisch, 37 Prozent katholisch und vier Prozent jüdisch.

Wir sind auf dem Weg zum neuen deutschen Generalkonsul Peter Ohr. Er ist bereits der dritte in diesem Amt, den ich hier besuche. Die stattliche Residenz liegt am Ohlauer Stadtgraben, dessen stilles Wasser durch die kahlen Novemberäste der Alleebäume schimmert. Am Balkon hängt das gelbe Bundeswappen. Hinter dem schmiedeeisernen Tor flattern die deutsche Dienstflagge und die Europafahne im Wind. Ohr empfängt uns in seinem holzgetäfelten Arbeitszimmer.

»Das ist schön, daß Sie sich hier bei mir sehen lassen«, sagt er zur Begrüßung, »Sie sind mir als wichtiger Schlesier ein Begriff. Ich kenne natürlich Ihre Filme und Ihr Buch. Planen Sie etwas Neues?«

Ich erzähle von meinen beiden Filmvorhaben, die ihn sehr interessieren. Wir beginnen ein lebhaftes Gespräch. Beide bedauern wir, daß den Deutschen Schlesien kaum noch ein Begriff ist und so viel Falsches damit verbunden wird.

Der Generalkonsul sagt mir Unterstützung zu und erzählt von seinen neuen Aktivitäten, unter anderem für das Haus Wiesenstein als Gedenkstätte für Gerhart Hauptmann, aber auch von seinen Bemühungen für das Technische Museum in Waldenburg. Dann reden wir über das bevorstehende Jubiläum von Breslau und die nächste Verleihung des Schlesischen Kulturpreises, für den der Generalkonsul als einer der deutschen Vertreter in der deutsch-polnischen Jury ist.

Zu viert sitzen wir am Nachmittag in der »Karczma Piastow« – die Piasten-Schenke liegt in der Kielbasznica-Straße, der früheren Herrenstraße. Das Lokal in dem langgestreckten mittelalterlichen Gebäude mit seinen altpolnischen Speisen gehört zum »Dwor Polski«, dem »Polnischen Hof«, der nach vorn zum Ring liegt. Während der polnische Hof zu den teuersten Restaurants der Stadt zählt, sind die Preise in der Piasten-Schenke moderat. Hier war ich schon 1993 bei meinem zweiten Besuch in Breslau gemeinsam mit Polen und Deutschen zum Essen.

Neben Jacek Gaczkowski sitzt der Komponist und Pianist Miroslaw Gasieniec. Er ist Künstlerischer Direktor des Internationalen Schlesischen Musikfestivals »Verständigung«, das in Brieg gegründet wurde und inzwischen auch in Breslau stattfindet. Aus dem südöstlich von Breslau gelegenen Brieg stammt auch der Dirigent Kurt Masur, der mit seiner Berühmtheit Ziehvater des immer bedeutender werdenden Festivals ist. Herrn Gasieniec gegenüber sitzt sein Organisations-Direktor Janusz Telejko. Im Rahmen ihres Festivals, das nächstes Jahr zum zehnten Mal stattfindet, treten auch die New Yorker Philharmoniker unter der Leitung von Masur auf. Gasieniec und Telejko haben von Masur den Auftrag erhalten, die Übertragungsrechte auszuhandeln. Deshalb heute unser Treffen.

Das Programm des bevorstehenden Konzerts und der Aufführungsort stehen bereits fest. Die Akademische Festouvertüre von Johannes Brahms hat Masur gewählt, weil Brahms sie zur Verleihung der Ehrendoktorwürde für die Breslauer Universität komponiert hat, die Ouvertüre zu

Seite 34/35:
Der Ohlauer
Stadtgraben.
Links das deut
sche General
konsulat

Freischütz von Carl Maria von Weber, weil es die erste Oper war, die er als Kind erlebt hat. Als krönender Abschluß ist die 7. Sinfonie von Anton Bruckner vorgesehen. Das Konzert findet in der Jahrhunderthalle statt, die mit ihren mehr als 5000 Sitzplätzen bei der Fertigstellung 1913 die erste freitragende Betonkuppel der Welt besaß und wie durch ein Wunder im Krieg unzerstört blieb.

»Das wird ein großes Ereignis für alle Breslauer«, kommentiere ich Programm und Aufführungsort. »Ich bin mir ziemlich sicher, daß 3sat dieses Konzert übertragen wird.«

Am nächsten Morgen fahren wir als erstes zur ehemaligen Weinstraße in den Norden von Breslau. Eine Frau aus Neu-Ulm hatte mir schon 1995 ein Farbfoto von ihrem früheren Haus in dieser Straße geschickt. Auch ihren anrührenden Brief von damals habe ich mit dabei.

Wie Sie mir neulich am Telefon sagten, drehen Sie demnächst in Schlesien und somit auch in Breslau einen Film. Ich habe nun ein großes Anliegen und vielleicht eine ungewöhnliche Bitte an Sie. Es wäre doch sehr schön, wenn in diesem Film nicht nur die markantesten Bauwerke wie Rathaus und Jahrhunderthalle, Dom und Universität usw. zu sehen wären, sondern auch eine ganz gewöhnliche, aber alte und für das frühere Breslau typische Straße gezeigt würde. Diese Straße birgt nun nicht nur persönliche Kindheitserinnerungen, sondern ich finde, wie Ihnen das beigelegte Foto von 1979 bestätigen wird, sie ist auch eine interessante Straße, die doch ein kleines Stück Filmband wert wäre. Bis auf ein paar Häuser stehen die anderen noch so wie vor 50 Jahren und länger. Diese haben zwar auch zum Teil Bombentreffer und Einschüsse abgekriegt, vermitteln aber ihren früheren Bewohnern eine ganz enge Verbundenheit. Menschen, die diese Straße nicht kennen, vermittelt die Weinstraße, jetzt Ul. Zeromskiego, durch ihr bis heute erhaltenes Kopfsteinplaster und die alten Häuser mit ihren Balkons sicher die Geborgenheit von früher und zeigt ihnen, wie es heute in Wroclaw aussieht.

1995 hatte ich bei meinem damaligen Film die Anregung nicht aufgegriffen. Jetzt für die neuen Breslau-Filme reizen mich Foto und Brief, dem Vorschlag nachzugehen. Noch nie war ich hier im Norden von Breslau. Anders als im Süden und Westen stehen hier noch ganze Straßenzüge mit vierstöckigen Häusern, die in den verhältnismäßig breiten Straßen fast alle noch Balkone haben.

Wir stehen in der Weinstraße und vergleichen das Foto von 1979 mit ihrem heutigen Zustand. Es hat sich nicht viel verändert. Noch immer gibt es das Kopfsteinpflaster. Nur stehen jetzt die Autos dichter. An den Balkonen und Fenstern zeugen Satellitenantennen vom Fernsehzeitalter.

Wir gehen durch andere Straßen in der Umgebung, die sich ähneln. Diese fast gänzlich unzerstörte Gegend bringt für mich ein ganz neues Breslau-Gefühl. Zugleich muß ich hier an die ehemaligen Bewohner denken, die diese schöne Stadt durch Flucht oder Vertreibung verlassen muß-

Die frühere Weinstraße im Norden von Breslau

Seite 38/39: Allee parallel zur früheren Gräbschener Straße in Breslau, die heute nur noch als Gehweg benutzt wird

ten. Wie grausam das war, erst der Krieg und dann die Vertreibung.

»Wer es nicht selbst erlitten hat, kann das nicht nachempfinden«, hatte mir eine vertriebene Breslauerin im Interview gesagt. Es ging ja für diese Menschen nicht nur um den Verlust ihrer Habe und ihrer Wohnung. Heimat ist mehr als der eigene Besitz und das Elternhaus. Es ist das vielfältige Beziehungsgeflecht zwischen Menschen, bedeutet Nähe und Verwandtschaft, Freunde und Bekannte, Sprache und Gebräuche, eine vertraute Gegend und über Generationen gewachsene Landschaft. Eine wirkliche Heimat hat der Mensch nur einmal. Aus ihr ausgestoßen zu werden gehört zum Bittersten, was ein Mensch erleiden kann.

Wir suchen für »Die große Flucht« im Norden von Breslau Häuser und Straßen aus und besprechen bestimmte Kameraeinstellungen. Wenn es in Breslau schneit, sollen hier von einem Team, das Jacek Gaczkowski aus seinem Wohnort Lodz mitbringt, einige Szenen gedreht werden.

Aufmerksam fahren wir die Hauptstraßen im Südwesten von Breslau entlang, auf denen der Strom der Flüchtlinge Ende Januar 1945 auf Befehl von Gauleiter Hanke nach Westen zog. Hier gibt es rechts und links nur neue Hochhäuser. Keine alten Straßenzüge wie im Norden der Stadt. Hier kann man nichts drehen, was für unseren Film geeignet wäre.

Als wir an einer Ampel halten müssen, sehe ich rechts plötzlich eine Allee. Wir schauen sie uns an. Sie sieht aus wie eine Allee zwischen Ortschaften, wird aber heute nur als Gehweg benutzt.

»Das ist ja ein Glücksfall hier mitten in der Stadt«, sage ich, »hier können wir ungestört vom Autoverkehr drehen.«

»Und wenn es schneit, wird hier nicht gleich der Schnee weggeräumt«, ergänzt Jacek Gaczkowski, »wie sonst in den Städten.«

Hier sind also die hinausgeworfenen Frauen, die Kinder und Alten bei entsetzlicher Kälte durchmarschiert. In der Novembersonne überkommt mich jetzt ein ganz eigenartiges Gefühl.

Über die Landstraße fahren wir weiter den Fluchtweg nach Westen ab. Hier bei dem vielen Autoverkehr könnten wir gar nicht ohne Lebensgefahr drehen. Wir sind froh, daß wir die ruhige Allee in Breslau gefunden haben.

Dann stehen wir auf dem Ring des kleines Städtchens Kanth. Das Rathaus steht, wie in Schlesien üblich, wieder mittendrin. Nach Kanth wurden die am nächsten Tag neben der Straße aufgesammelten Leichen der erfrorenen Säuglinge und Alten gebracht. Ein makabres, trauriges Bild.

»Hier ganz in der Nähe ist das ehemalige Schloß des Fürsten Blücher, da könnten wir uns aufwärmen und Kaffee trinken«, schlage ich auf dem Marktplatz vor, denn trotz der Sonne bläst noch immer ein eiskalter Wind.

Zunächst halten wir vor dem Mausoleum des Feldmarschalls der Befreiungskriege, Gebhard Leberecht von Blücher, der in Krieblowitz als Belohnung für seinen Sieg über Napoleon vom preußischen König ein Schloß geschenkt bekam. Das Mausoleum liegt am Ortseingang von Krobielowice, das bis 1937 Krieblowitz hieß, danach bis zum Kriegsende Blüchersruh. Sein mächtiger Turm ist aus Granit. Blüchers Büste im oberen runden Teil ist unkenntlich. Sie war ein beliebtes Ziel für sowjetische Pistolenschützen. Der Schriftzug über dem Turmeingang wurde vom kommunistischen Polen in der Zeit, als es noch galt, alle Spuren deutscher Vergangenheit zu tilgen, herausgemeißelt. Bevor wir das Schloß betreten, werfen wir noch einen Blick auf die Rückfront des nun fertig restaurierten Renaissancegebäudes, das mit seinem hellen Anstrich in der Sonne leuchtet.

Im Blücherschloß empfängt uns im Eingangsbereich die wohlige Wärme eines offenen Kamins. Nach der rauhen, windigen Novemberluft tut uns das gut. Ich zeige Jacek Gaczkowski, wo wir 1995 gedreht haben. Wir waren die ersten Gäste im Hotel. Der heutige Schloßbesitzer Chris Vaile, ein Nachfahre des Feldmarschalls, der zu besonderen Gelegenheiten aus dem fernen Neuseeland anreist, gab damals ein großes Fest. Am nächsten Tag hatte ich ihn interviewt, und wir führten ein interessantes Gespräch über den Erwerb des Schlosses von den Polen, seine Restaurierung, über das Verhältnis von Deutschen und Polen und

über Schlesiens Zukunft. »Das deutsche und das polnische Volk müßten die Last der Vergangenheit überwinden«, war seine Meinung, sie müßten in die Zukunft schauen und gemeinsam handeln. Sonst werde es keine gute Zukunft geben.

Breslau und das Riesengebirge

Drehreise im Februar 2000

*Seite 44/45:
Blick vom
Riesengebirge
auf das Vorland*

Wir sind im Riesengebirge auf der Suche nach Schnee. Es ist der 8. Februar 2000. Der Förster von Karpacz, dem früheren Krummhübel, zeigt uns in den Wäldern oberhalb des Ortes einige Stellen, die für unseren Dreh morgen abend geeignet wären. In diesem Winter hat es in Breslau bisher nur ein einziges Mal richtig geschneit. Am 25. Januar war Jacek Gaczkowski mit seinem Team aus Lodz nach Breslau gefahren und hatte die im November besprochenen Szenen gedreht. Aber für die Szenen mit Komparsen in der von uns mit viel Glück gefundenen Allee in Breslau hatten die Zeit und der Schnee nicht gereicht. Also entschieden wir uns für einen Dreh im Riesengebirge.

Bis vor wenigen Tagen hatte es hier in der Höhe und selbst unten im Hirschberger Tal genug Schnee gegeben. Aber dann war der milde Föhnwind gekommen und hatte die winterliche Pracht zusammengeschmolzen. Auch heute tobt hier oben noch der warme Sturm. Wir haben beim Laufen Mühe, uns auf den Beinen zu halten. Die Verständigung ist fast nur mit Schreien möglich.

Ich hatte zwei Tage zuvor in der Wettervorhersage gehört, daß es im Osten am Mittwoch Sturm und Schnee geben sollte. Der Sturm war schon da, der Schnee konnte morgen vielleicht doch noch kommen. Ich bin Optimist und hatte außerdem zur Heiligen Hedwig, der Schutzheiligen der Schlesier, gefleht, daß sie uns für diese wichtige Szene, der Flucht der Mütter aus Breslau, Schnee schicken möge, und bisher hat sie meine Bitten, wenn es um Schlesien ging, immer erhört. Hedwig, die Grafentochter aus Andechs in Bayern, war die erste Deutsche, die Anfang des 13. Jahrhunderts einen schlesischen Herzog in dem damals polnischen Land heiratete. Hedwig war mit ihrem aufopferungs-

vollen, mildtätigen Leben bald bei Polen und den Deutschen, die ihr Gemahl Heinrich I. ins Land rief, gleichermaßen beliebt. Schon wenige Jahre nach ihrem Tod wurde sie heiliggesprochen.

Zwei Stellen mit Schneeresten hat uns der polnische Förster bisher gezeigt. Beide waren nicht geeignet. Die eine war zu steil und damit für die flache Gegend um Breslau nicht typisch, die andere lag unattraktiv in einer flachen Schonung.

»Einen Platz kann er uns noch zeigen«, schreit Jacek Gaczkowski, der neben dem Forstmann vorangeht, zu uns nach hinten.

»Vielleicht ist es der«, ruft mein Redaktionskollege Stefan Brauburger, der für »Die große Flucht« mein Koautor ist.

Wir kommen auf einen breiten Weg, der durch einen Birkenwald führt. Wie durch ein Wunder liegt hier wie hingeschaufelt plötzlich ausreichend Schnee auf einer fast ebenen Stelle.

»Hier geht es!« ist der fast wortgleiche Ausruf meiner Kollegen. Wir besprechen das Prozedere für morgen.

»Hier können wir auch die Schienen legen«, bestätigen Kameramann Lothar Franzke und die Kollegin vom Ton, Cornelia Esche.

»Und morgen kommt ganz sicher noch frischer Schnee«, füge ich hoffnungsfroh hinzu, »die Heilige Hedwig hilft immer!«

Nach dem Abendessen sitzen alle Kollegen vor dem knisternden Kamin im Hausflur von unserem Hotel Schloß Lomnitz im Hirschberger Tal. Draußen regnet es ohne Unterlaß. Das Außenthermometer zeigt neun Grad über Null. Wir reden über den Ernstfall, wenn sich das Wetter morgen nicht ändern sollte.

»Wenn es weiter so regnet, schmilzt auch der Schnee an der Stelle, die wir ausgewählt haben«, sage ich, »was haltet ihr davon, wenn wir mit dem Lift auf die Kleine Koppe fahren, die über 1300 Meter hoch, direkt unter der Schneekoppe liegt, und dort drehen. Da gibt es zwar keine Bäume mehr, aber dafür Schnee in Massen.«

Meine Kollegen fragen nach, was das für ein Lift sei.

»Ein einfacher Sessellift ist das, für jeweils eine Person.«

»Dann geht das nicht«, antwortet Jacek, mit dem wir uns inzwischen duzen, »da kann kein Kind alleine darauf sitzen. Das kann niemand von uns verantworten.«

In Breslau hatten wir am Vormittag die neun Frauen und Kinder der Komparserie in einem Fundus auf dem Gelände der Jahrhunderthalle eingekleidet. Ich kannte das Alter der Kinder.

»Und wenn die Mütter die Kinder auf den Schoß nehmen?« fragt Cornelia Esche.

»Das geht nicht wegen des Bügels, den man dann nicht zuklappen kann«, antworte ich, »Jacek hat recht.«

»Bei Sturm fährt der Lift sowieso nicht«, wendet Jacek ein, der sonst immer alles möglich macht.

»Wo bekäme ich oben auf dem Berg denn Strom her?« fragt der Kameramann, »der Generatorwagen kann ja wohl nicht hochfahren.«

Es war verabredet, daß wir die Flucht der Breslauer Mütter bei Dunkelheit drehen. Dazu waren Lampen und Strom die Voraussetzung.

»Oben gibt es ein großes Berggasthaus oder eine Baude, wie man schlesisch sagt. Dort könnten wir sicher Strom be-

Schloß Lomnitz im Hirschberger Tal

kommen. Wir und die Komparsen müßten dann dort über-
nachten, weil ja der Lift bei Dunkelheit nicht mehr fährt.«
Wir überlegen weiter, wie wir die Requisiten, die Kinder-
und Leiterwagen und die Schlitten und vor allem die Mütter mit den Kindern auf den Berg bekommen. Schließlich
gibt es auch Schneeraupen, die den Berg hochfahren können. Aber allen scheint nach ausgiebiger Diskussion das
Unterfangen Kleine Koppe zu schwierig und gefährlich.
Schließlich bleibt ja doch die Hoffnung, daß das Wetter um-
schlägt und doch noch Schnee fällt.

Am Frühstückstisch erzähle ich meinen Kollegen, daß das
Thermometer jetzt nur noch drei Grad plus anzeigt.
»Es ist kühler geworden, nach den Höhenunterschieden
von hier zu unserem Drehort müßte es da oben unter
null Grad sein. Wenn es hier regnet, wird es da oben schnei-
en.«
An unseren Tisch tritt die deutsche Besitzerin von Schloß
Lomnitz, Elisabeth von Küster, die sich auf meine Bitte bereit erklärt hat, als Komparsin gemeinsam mit ihrer zwei-
jährigen Tochter Anna bei unserem Film mitzuwirken. Die
rührige und patente Frau von Küster, die ich von früheren
Aufenthalten hier kenne, bietet an, daß sie noch einen alten
Leiterwagen als Requisite zur Verfügung stellt, und fragt,
ob ihr älterer Angestellter Josef auch noch als Komparse
mitwirken kann. Eine gute Idee. Auch sollten wir auf ihrem großen Dachboden noch nach passenden Requisiten
schauen.
»Schnee!« rufen meine Kollegen, die mir zum Fenster ge-
genübersitzen, nachdem gerade die Schloßchefin gegangen
war, »es schneit.«
Ich drehe mich um. Draußen tanzen dicke Flocken vor den
Fenstern.
»Was für eine schöne Überraschung!«, rufe ich aus, »auch
wenn der Schnee hier nicht liegenbleibt. Da oben am Drehort wird es jedenfalls Winter.«

Der Bus mit der Komparserie aus Breslau kommt pünktlich.
Ebenso der Generatorwagen für den Strom und das Auto
mit den Requisiten. Abfahrt vom Schloßhof wie verabredet.
In Karpacz hört der Schnee auf zu tauen. Ab hier ist die

Temperatur unter null. Die Schneeflocken, die vom Himmel fallen, sind fein und trocken. Je höher wir kommen, desto schärfer weht der Wind. Der Schnee bleibt nur im Windschatten liegen.

Die Komparserie kann sich nach der gemeinsamen Ankunft bis zum Ende des technischen Aufbaus in einem zur Zeit nicht bewirtschafteten Berggasthof aufhalten, den der Förster für sie aufgeschlossen hat. Eine große Hilfe bei den eisigen Temperaturen und dem schneidenden Wind. Der Schnee, der gestern an der ausgesuchten Stelle noch unter unseren Schritten weich nachgab, ist jetzt gefroren. Die Plastikschienen für eine Fahrt mit der Kamera brechen schon unter der ersten Belastung entzwei, weil der Boden unter ihnen zu uneben ist. Wir müssen auf sie beim Dreh verzichten.

In der Dämmerung machen wir die ersten Aufnahmen mit der gesamten Komparserie noch ohne künstliches Licht. Danach drehen wir die gleichen Szenen noch einmal mit Lampen, die von der Beleuchtungsfirma nach den Anweisungen des Kameramanns rechts und links im Wald aufgestellt wurden. Jacek ist bei der Komparserie. Ich stehe neben der Kamera und gebe ihm die Anweisungen über eine Sprechfunkanlage. Bei dem starken Wind ist das die einzige Möglichkeit. Stefan Brauburger beobachtet die Szene auf dem Monitor.

Es fängt wieder an zu schneien. Die Aufnahmen werden durch das Wetter immer realistischer. Die Mütter kämpfen mit ihren Kinder- und Leiterwagen gegen Wind und Schnee an. Die kleine Anna fängt zu weinen an und ruft immer wieder ihr langgedehntes »Mama«. Was haben die Frauen, Kinder und Alten damals bei dem viel stärkeren Frost aushalten müssen. Damals war es ernst. Heute können wir nach Belieben Pause machen und uns im Requisitenwagen bei belegten Broten, Glühwein und anderen warmen Getränken stärken. Gegen 20 Uhr ist alles, was wir uns vorgestellt hatten, »im Kasten«. Zufrieden über den gelungenen Drehtag fahren wir ins Tal.

Am nächsten Tag sind mit der Komparserie noch Aufnahmen in einem verschneiten Dorf geplant. Die Fremdenverkehrsorte im Riesengebirge sind dafür nicht geeignet. Auf

Seite 50/51:
Die 1602 Meter
hohe Schnee-
koppe im
Februar mit
ihren futuristi-
schen Gebäuden

Breslau und das Riesengebirge

einer genauen physikalischen Karte hatte ich mir einen Ort hinter dem Landeshuter Kamm ausgesucht. Er liegt ziemlich hoch am Ende eines Tales. Dort müßte, nach den Höhenmetern zu urteilen, Schnee liegen. Auch sollten wir dort vom Durchgangsverkehr ungestört drehen können. Als wir über den Landeshuter Kamm kommen, ist die Landschaft tatsächlich verschneit. Das Dorf Leszczyniec, eine genaue Übersetzung des früheren deutschen Namens Haselbach, erweist sich als Volltreffer. Es ist von allen modernen Auswüchsen verschont geblieben. Noch immer schauen die Wege und Zäune wie vor fünfzig Jahren aus. Als wir schließlich alle gewünschten Szenen gedreht haben, kommt die Sonne hervor und läßt in großer Schnelle den Schnee schmelzen. Wieder hatten wir mit dem Wetter Glück.

Als wir zurück zum Schloß kommen, strahlt es in seinem Gelb vor einem tiefblauen Himmel.
»Wenn wir jetzt nur einen Kaffee trinken, könnten wir noch mit dem Lift auf die Kleine Koppe fahren«, schlage ich vor, »und dort noch Aufnahmen von Schneewehen und andere Winterbilder machen.«
Alle schauen mich interessiert an.
»Das schaffen wir nicht mehr«, wendet Jacek ein, der auf die Uhr schaut, »um 16 Uhr ist dort Schluß.«
»Ich bestelle für alle schnell einen Kaffee und spendiere Kuchen«, beharre ich, »wir sollten es probieren. Eine Chance ist da noch drin.«

Wir erreichen den letzten Lift. Je mehr wir in der freien Gondel nach oben schweben, um so eisiger und windiger wird die Luft. Was bin ich froh, daß ich mir für den Dreh im Gebirge bereits im November in Breslau eigens einen Daunenmantel gekauft habe. Schon gestern hatte ich ihn gut gebrauchen können. Als wir nach etwa halbstündiger Fahrt oben ankommen, wird uns bedeutet, daß wir umgehend wieder nach unten fahren müßten. Der Lift werde gleich eingestellt. Doch wir wollen drehen. Deshalb sind wir hier. Wir werden zu Fuß nach unten gehen.
Hier in 1300 Meter Höhe herrscht eisiger Winter. Der Wind wirbelt den Pulverschnee von den weißen Flächen am Boden hoch ins Gesicht. Hinter der Liftstation türmen sich

meterhohe Wehen. Die Schneekoppe mit ihren Gebäuden auf dem Gipfel liegt frei und ist dann plötzlich erneut durch Wolken verborgen. Wieder und wieder zerreißt der neblige Vorhang. Ein Schauspiel der Natur, wie es spannender nicht sein kann. Die frühe Abendsonne bescheint die fast unwirkliche Kulisse von der rechten Seite wie ein Spot; die futuristische Bergstation sieht aus wie ein gerade gelandetes Ufo. Meine Kollegen, die zum ersten Mal hier oben sind, staunen über diesen Anblick. Ich hatte 1985 mit zwei Breslauern den 1602 Meter hohen Gipfel schon bestiegen. Da war es Sommer und einer der seltenen Tage, wo keine Wolken den Kamm des Riesengebirges verhüllten.

Dieses Gebirge mit seinen nackten Bergrücken ist anders als die Mittelgebirge in Deutschland. Es ist nicht mit den Höhen des Bayerischen Waldes oder den Bergen im Südschwarzwald zu vergleichen; es ist etwas ganz Eigenes. Eine Urwelt, schroff und rauh. Im Winter ist hier die durchschnittliche Temperatur sogar niedriger als auf den Alpengipfeln. Das Riesengebirge ist die Welt von Rübezahl, *der* Sagengestalt der Schlesier. Es ist der unsterbliche Berggeist, der den Menschen hilft oder sie auch neckt, der gutmütig ist oder auch übel gelaunt und auch im Polnischen – wörtlich übersetzt – als »Pan Liczyrzepa« weiterlebt.

Gerhart Hauptmann, der große schlesische Dichter, der hier zu Füßen des Gebirgskamms wohnte, hat zwei Jahre vor seinem Tod ein letztes Gedicht über das Riesengebirge geschrieben, eine kurze, packende Beschwörung seiner mythischen Urgewalten:

> Was groß und menschenfremd in dir,
> du Weltgebirge, lob' ich mir:
> Den Sturm, der deine Nacht durchbraust,
> darin der Urwelt Dämon haust.
> Dem bleibst du fremd, der recht dich kennt.
> Urmythos ist dein Element.
> Du schweigst gewaltig, wenn du sprichst
> und rasend deine Forsten brichst.
> Du duldest uns im Winterschnee,
> doch deine Gnaden tuen weh.
> Nun aber, weichlich sind wir nicht:
> wir lachen dir ins Angesicht!

Auf unserem Rückmarsch ins Tal, der sich als viel schwieriger erweist als gedacht, muß ich an diese letzten beiden Zeilen denken. Mir ist gar nicht zum Lachen zumute. Der Sturm hat wieder zugenommen. Oft brechen wir durch die verharrschte Kruste tief in den Schnee. Der Pfad ist nur durch Stangen kenntlich, die aus dem unendlichen Weiß ragen. Dann ist wieder die Sicht verschwunden. Bald wird es dunkel werden. Wie sollen wir uns dann orientieren? Wenigstens habe ich eine Taschenlampe mit frischen Batterien eingesteckt.

Wir kommen an eine gelbe Tafel, die vor Lawinen warnt. Dahinter zieht sich ein gewaltiger Graben vom Kamm bis ins Tal. Die Gefahr ist geradezu spürbar. Zum Glück weisen uns die Stangen nach rechts. Im Wald wird der Weg wieder flacher. Hier ist eine Schneeraupe gefahren, so daß wir nicht mehr einsinken. Die ersten Lichter menschlicher Zivilisation leuchten beruhigend herauf. Ein Mann kommt uns entgegen. Als er weitergeht, übersetzt Jacek, was er ihm erzählt hat. Er sucht seine zehnjährige Tochter und will hoch auf die Baude, wo er sie zu finden hofft. Erst als wir in der Dunkelheit fast unten an der Talstation sind, denke ich, ich hätte ihm meine Taschenlampe geben sollen. Wie will er ohne Licht den Weg finden? Ich beruhige mich damit, daß er sicher selbst eine besaß. Sonst wäre die Suche nach der Tochter lebensgefährlich.

Beim Abendessen im Schloßhotel schaue ich in meinen Büchern über das Riesengebirge nach dem Namen des so anstrengenden Wegs, den wir gegangen sind. Es ist der sogenannte Schlesierhausweg, polnisch Slaska Droga. Das gewaltige Kar heißt Seiffengrube (Bialy Jar). Dann lese ich zu meinem Erschrecken: »Im Winter ist der Weg wegen extremer Lawinengefahr nicht zugänglich. Am 20. März 1968 kamen bei einem Lawinenunglück 19 Personen ums Leben. Darunter auch Deutsche.«

»Mein Ehrgeiz, mit euch noch auf die Koppe zu wollen, war ganz schön gefährlich«, sage ich zu meinen Kollegen und trage die beiden entscheidenden Sätze vor.

»Wir sind doch nicht hinter das Lawinenwarnschild gegangen«, wendet der Kamerakollege ein, »wir sind an dieser Stelle nach rechts abgebogen, aber die Bilder, die ich da

oben drehen konnte, waren das Unternehmen wert, auch wenn ein Risiko dabei war.«

Wir sprechen zusammen noch weiter über das Thema Gefahr und unseren Film.

»Hier in Schlesien können wir wenigstens in die Höhe fahren, um Winterbilder zu drehen«, sagt Stefan Brauburger, »das können die Kollegen, die für unsere Serie die Filme über Ostpreußen und Pommern drehen, nicht. Die haben kein Riesengebirge und keine Schneekoppe.«

Wir sind nach unserem erfolgreichen Dreh wieder in Breslau. Die dortigen Szenen im Schnee hat Jacek bereits im Januar gedreht. Bis zu unserem Rückflug bleibt noch genug Zeit, um die Stadt mit einigen wichtigen Stationen zu besichtigen.

Unser erstes Ziel ist die Dominsel hinter der Oder mit ihren vielen Kirchen. Die Oder ist der Fluß, der das Land Schlesien, das mit einem Eichenblatt verglichen wird, als Hauptader durchzieht. Der Dichter Paul Keller hat sie einfühlsam mit anderen Flüssen verglichen.

Oderpanorama mit Kreuzkirche (links) und Dom (rechts)

Die Oder ist unter den deutschen Flüssen wie ein Bauernweib unter Großen und Edlen. Sie ist nicht so reich wie die Elbe, nicht so munter wie die Weser, nicht so königlich wie der Rhein, nicht so machtvoll wie die Donau. Die Oder ist ein Bauernweib …
Einmal, wie wohl jedes Bauernweib, kommt die Oder auch nach Breslau. Dort hört sie die Domglocken klingen und nimmt das Bild der Türme in den Spiegel ihrer Seele auf.

Die Oder inmitten des Landes ist *der* Strom der Schlesier. Das so friedliche Bauernweib des Paul Keller, dessen Fließrichtung heute hier am Ufer kaum auszumachen ist, kann auch zu wilder Wut aufschäumen. 1997 hatte dieser Fluß ein verheerendes Hochwasser mit großen Schäden gebracht.

Vor der Dominsel umspielt der Lauf der Oder zunächst noch die Sandinsel. Hier beginnt der Vielklang von Kirchen auf engstem Raum. Auf einem Gebiet von rund 600 mal 200 Metern gibt es acht größere und kleinere Kirchen. In dieser Konzentration eine Einmaligkeit in Europa. Die ernsten Kirchen der Backsteingotik kontrastieren hier wie in der ganzen Stadt mit den jüngeren, heiteren Gebäuden des österreichischen Barock. Dieses überraschende Zusammenspiel eines eigentlichen Gegensatzes macht vor allem den Reiz von Breslau aus. Gotik und Barock prägen Breslau trotz aller Zerstörungen im Zweiten Weltkrieg. Wer die Bilder der damals im Schutt versunkenen Kirchen, Klöster und Häuser kennt, kann den heutigen Zustand der Stadt nur bewundern.

Das Hauptgebäude der Sandinsel ist die gotische Kirche St. Maria auf dem Sande. Vor ihr liegt das barocke Gebäude des ehemaligen Chorherrenstifts der Augustiner. 1811 wurde es der damals gegründeten Universität übergeben und wird seitdem als Universitätsbibliothek genutzt.

Im April 1945 drohte dem Gebäude fast die völlige Zerstörung, als in seinen Kellern die Festungskommandantur einzog. 300 000 Bände der Bibliothek wurden in die gegenüberliegende Annenkirche ausgelagert, die hier samt der Inneneinrichtung des barocken Gotteshauses verbrannten. Trotz dieser Verluste ist die Universitätsbibliothek Breslau

heute die mit Abstand größte deutschsprachige Bibliothek außerhalb des deutschen Sprachraums. Alle drei im Krieg zerstörten Gebäude sind wiedererstanden. Die Annenkirche, die heute einer orthodoxen Gemeinde als Gotteshaus dient, und die Universitätsbibliothek glänzen in frischen Farben. An der Sandkirche hängen Schautafeln mit Fotos ihrer grausamen Zerstörung. Um so größer ist das Erstaunen über ihren heutigen Zustand. Die wiederaufgebaute dreischiffige gotische Hallenkirche betört mit ihrer klaren Schönheit. Welch ein Kontrast zu dem eher düsteren und schwerfälligen Bild von außen.

Auf dem Weg von der eisernen Brücke zur Dominsel fällt der Blick schon auf die nächsten Kirchen. Links liegt die kleine gotische Backsteinkirche St. Peter und Paul. Dahinter wölbt sich das hohe Schiff der Kreuzkirche mit ihren beiden so ungleichen Türmen; weiter rechts ragen die Türme des Domes mit ihren spitzen Helmen in den Himmel. Die Dominsel ist der älteste Teil der Stadt. Hier wurde vom Böhmenherzog Wratislaw um 900 die erste Burg errichtet. Breslau, dessen Name sich von diesem Herzog ableitet, ist demnach schon hundert Jahre älter als seine Bistumsgründung. An der Dombrücke beginnt der Wandel vom ge-

Annenkirche (links) und Sankt Maria auf dem Sande (rechts) mit der Universitäts- bibliothek (vorne)

Rechte Seite:
Die gotische
Kreuzkirche
mit dem
barocken
Nepomuk-
denkmal

schäftigen Treiben der Stadt zur Stille des Dombezirks. Selbst die Kaiser stiegen hier vom Pferde, um sich zu Fuß in die Kathedrale zu begeben und die Ruhe und Weihe dieser Gassen nicht zu stören, wie Ricarda Huch schrieb.

Vor der Kreuzkirche, die leider verschlossen ist, steht die große barocke Statue des heiligen Nepomuk. Wieder zeigt sich das typische Zusammenspiel von Breslau – die dramatisch bewegte barocke Säule vor den klaren Linien dieser gotischen Kirche, die der auch als Minnesänger bekannte Herzog Heinrich IV. am Ende des 13. Jahrhunderts als Versöhnungskirche nach seinem Streit mit dem Breslauer Bischof gestiftet hat. Sie wurde zu einem Meisterwerk der gotischen Architektur in Schlesien. Das so schöne und berühmte Grabmal Heinrichs IV. steht jedoch zum Unmut der Breslauer nicht mehr in seiner Kirche, sondern im Nationalmuseum in Warschau. Unter dem großen Gotteshaus gibt es noch ein zweites. Die Bartholomäuskirche dient heute der byzantinisch-ukrainischen Gemeinde.

Bevor wir zum Dom gehen noch einen kurzer Abstecher zur Martinikirche, die früher die Kapelle der Burg war. Neben ihr steht ein Denkmal für Papst Johannes XXIII., das schon 1968 die polnischen Behörden stifteten – aus Dankbarkeit dafür, daß dieser Papst als erster die neue polnische Kirchenverwaltung in den ehemals deutschen Gebieten bestätigte.

Zwischen der Kreuzkirche und dem Dom gibt es eine Anzahl gelbgetünchter Barockbauten. Hinter einem besonders schönen schmiedeeisernen Tor ist der Sitz des Breslauer Erzbischofs. Die Dominsel und der Ring sind die beiden Hauptbereiche der Stadt, die seit der Reformation in einem spürbaren Gegensatz zueinander standen. Der Ring mit dem Rathaus und der Elisabethkirche, und in seiner Nähe die Maria-Magdalenen-Kirche, waren das Zentrum der protestantischen Bürgerschaft. Die Dominsel blieb hingegen die massive Manifestation der katholischen Geistlichkeit. Auch wenn es heute kaum noch Protestanten in der Stadt gibt, so ist die besondere, auch räumliche Polarität von Ring und dieser Insel geblieben.

Wir stehen vor dem Dom. Vor uns erhebt sich die Westfassade mit den beiden Türmen und deren gotischen Fenstern, jedes in einer anderen Form, siebenmal übereinander. Das

Hauptportal hat einen reich mit Skulpturen geschmückten Vorbau. In seinem gotischen Bogen hängt jetzt das Plakat mit dem Hinweis auf das Jubiläum in diesem Jahr. »*Christus heri hodie semper*«, Christus gestern, heute, immer.

Im Halbdunkel des Dominnern ist der dreischiffigen »Mutter der Kirchen Schlesiens« mit ihren vielen Seitenkapellen nicht mehr anzusehen, daß sie 1945 ebenfalls eine ausgebrannte Ruine ohne Dach war. Die braunen Backsteine, die durchgehend bis zur Wölbung reichen, geben dem Dom trotz seiner Größe eine anheimelnde Wärme. Seine berühmtesten Kapellen, die Kurfürstenkapelle und die Elisabethkapelle, sind auf die Schnelle nicht zu besichtigen, weil ihr Zugang durch Eisengitter versperrt ist. Ich kenne die Schwester Silvina, die uns damals beim Drehen im Dom betreute. Sie würde für uns die Tore aufschließen. Aber sie zu suchen würde zuviel Zeit kosten. Beim großen Dreh im Sommer werden wir die Besichtigung nachholen.

Der Breslauer Dom hat mit seinen Ausmaßen und in seiner Bauart nicht viel mit dem Kölner Dom oder den himmelwärts strebenden französischen Kathedralen gemein. Aber im Gegensatz zum Kölner Dom war der Breslauer Dom schon im Mittelalter fertiggestellt. Der Kölner Dom wurde

erst im 19. Jahrhundert zu Ende gebaut – sinnigerweise von einem Breslauer Baumeister. So wie die Oder »als Bauernweib« ein bescheidener Fluß ist, so gibt sich auch der Dom an seinem Ufer erdverbundener und bodenständiger als seine hochaufragenden Brüder am majestätischen Rhein. An der Vielzahl der gotischen Gotteshäuser ist Breslau durch keine andere Stadt nördlich der Alpen zu übertreffen.

Über die Sandinsel gehen wir wieder zurück in Richtung Innenstadt. Dabei fällt mir ein, daß wir hinter dem Dom die Agidienkirche, das älteste Gotteshaus der Stadt, vergessen haben mit dem jedem alten Breslauer bekannten sogenannten »Klößeltor«. So wurde scherzhaft der Bogen zwischen dieser Kirche und dem spätgotischen Kapitelgebäude mit dem steinernen Pinienzapfen bezeichnet, der wie ein »Klößel«, die Lieblingsspeise der Schlesier, aussah. Ich behalte mein Versäumnis für mich. Es ist unmöglich, alle Kirchen an einem Tage zu zeigen.

Auf dem Rückweg fällt der Blick über die Oder auf ein besonders imposantes Ensemble von Breslau. Es ist der typische Zusammenklang des heiteren barocken ehemaligen Vinzenzklosters mit der ernsten, gotischen Backsteinkirche. Auf der Südseite der langgestreckten Vinzenzkirche leuchtet ebenfalls ein barocker Anbau: die nach ihrem Stifter benannte Hochbergkapelle. Die kleine Kapelle, die der Schmerzensmutter gewidmet wurde, ist ebenfalls ein Juwel des vielfältigen Breslauer Barock.

Die Vinzenzkirche ist eine der ältesten und, in ihrer jetzigen gotischen Form, eine der größten Kirchen Breslaus. 1226 wurde sie von Herzog Heinrich II. gestiftet. Nach seinem Tod in der Schlacht bei Liegnitz, 1241 gegen die in Schlesien eingedrungenen Mongolen, wurde das Gotteshaus zu seiner letzten Ruhestätte. Bis zum Zweiten Weltkrieg befand sich hier sein Sarkophag, der nun im Breslauer Nationalmuseum aufgestellt ist. Das Schicksal seiner sterblichen Hülle blieb dagegen unbekannt. Direkt an die Vinzenzkirche schließt sich das Ursulinenkloster mit dem Mausoleum der Breslauer Piastenherzöge an. Wir stehen vor seinem barocken Eingangsgebäude, finden aber keinen Hinweis auf die Piastengruft. Ich war noch nie hier, hatte aber über ihre Geschichte schon einiges gelesen. Eine Schar von Schüle-

rinnen kommt aus der Tür. Auf englisch frage ich nach dem Zugang zum Mausoleum. Sie reagieren darauf, als sei es das Selbstverständlichste auf der Welt. Wir stünden vor dem richtigen Eingang. Das Piastenmausoleum sei hier in ihrer Schule. Eine Schule mit einem Mausoleum von Herzögen! An der Pforte begrüßt uns herzlich die deutsch sprechende Schwester Teresa. Sie erzählt, daß sie im letzten Herbst in Würzburg zu Besuch war. Das sei eine schöne Stadt, die ähnlich stark zerstört worden und wiedererstanden sei wie Breslau. Sie zeigt uns eine Broschüre über das Kloster, die Schule und das Mausoleum in deutscher Sprache, die ich für eine Spende erwerben kann. Dann geht sie uns in einem breiten barocken Gang des Klostergebäudes voran, schließt eine schwere Türe auf der rechten Seite auf, schaltet Lampen an. Wir sind in der fast fensterlosen Sankt-Klara-Kirche, die im 13. Jahrhundert als Stiftung der Herzogswitwe Anna gebaut wurde. Hier ist das Mausoleum mit Grüften und Grabplatten der Breslauer Piasten. In der Mitte des kühlen Raumes mit seinem gedämpften Licht steht das Grabmal von Heinrich VI., der 1335 gestorben ist und letzter Herzog von Breslau war. Im Vertrag von Trentschin ver-

St.-Vinzenz-Kirche mit der Hochberg-kapelle

Seite 64/65: Jugendstilkauf-häuser in der Reuschestraße, die zum Ring führt

zichtete der polnische König Kasimir III. auf die schlesischen Gebiete. Damit fiel Schlesien rechtlich an Böhmen.
Neben der Sankt-Klara-Kirche liegt die fast gleich große St.-Hedwig-Kapelle. Hier ist die Gruft der Herzogin Anna, der Stifterin des Klosters. In einem runden Fenster in der Wand zwischen den beiden Kirchen steht die Urne mit der Asche des Herzens der letzten Herzogin Karoline, die 1707 gestorben war. Ihre übrigen sterblichen Überreste ruhen im Kloster Trebnitz, am Fuße des Hochgrabs der Heiligen Hedwig. Die beiden Räume, in denen fast alle Angehörigen des Breslauer Piastengeschlechts ruhen, sind schlicht und zurückhaltend. Ich muß an die so überaus prunkvollen Mausoleen der Schweidnitzer und der Liegnitzer Piasten im Kloster Grüssau und in Liegnitz denken. Was für ein Unterschied zu diesen Räumen hier! Das reiche Breslau hat sich im Andenken an seine ersten Herrscher nicht gerade viel einfallen lassen. Warum wollte es nicht mit den anderen Orten wetteifern? Aber vielleicht war es ein Beweis für das ausgeprägte Selbstbewußtsein dieser großen Handelsstadt, daß sie es nicht tat.

Über den Ring gehen wir am Rathaus vorbei, überqueren den Salzmarkt und kommen in die ehemalige Reuschestraße, die jetzt polnisch Ruska heißt. In der lebhaften Straße gibt es mehrere Jugendstilhäuser, die durch aufwendige Fensterfronten auffallen. Auch hier wurde in den letzten Jahren viel restauriert. Nicht nur das Breslau der Gotik und des Barock ist wiedererstanden, auch der Jugendstil gehört zu dieser schlesischen Metropole, die um die Jahrhundertwende zu einer modernen Großstadt wurde. Die oft so überraschende Mischung der Baustile macht noch heute den Reiz dieser Stadt aus, in der es so unendlich viel Geschichte zu entdecken gibt.
Wir passieren den ehemaligen Blücherplatz und die Alte Börse, die Carl Ferdinand Langhans erbaut hat, der Sohn des Schöpfers des Brandenburger Tores in Berlin, und gelangen zum ehemaligen Schloß von Breslau. Nach dem Sieg der Preußen über Österreich und der Annexion Schlesiens an das Hohenzollern-Reich errichtete König Friedrich der Große in Breslau seine dritte Residenz nach Königsberg und Berlin-Potsdam. Im Zweiten Weltkrieg wurde das

Schloß mit seinen vielen Anbauten zerstört. Nur der ursprüngliche Kern der Anlage, das sogenannte Palais Spätgen, das der König diesem Adligen abgekauft hatte, wurde nach dem Krieg wiederaufgebaut. In ihm befinden sich heute zwei Museen, das Museum für Archäologie und das für Volkskunde.

1813 erlangte das preußische Breslau herausragende Bedeutung für die weitere deutsche Geschichte. Im Dezember 1812 war die Armee Napoleons im Kampf gegen Rußland unterlegen. Jetzt regten sich in deutschen Landen die ersten Hoffnungen auf ein Ende der französischen Fremdherrschaft. Der preußische König Friedrich Wilhelm III., und mit ihm die gesamte preußische Elite, kam Anfang 1813 nach Breslau. Hier im Schloß erfolgte sein Aufruf »An mein Volk« zum Kampf gegen die napoleonische Unterdrückung, hier stiftete der König das »Eiserne Kreuz« als neue Kriegsauszeichnung für Tapferkeit ohne Rücksicht auf militärische Ränge. Im Wirtshaus zum Goldenen Zepter, in der Schmiedebrücke 22 in der Nähe des Rings, richtete der Major von Lützow sein Werbebüro ein. Die Wurzeln unserer Fahne Schwarz-Rot-Gold liegen in den Farben der Uniformen der Lützower Reiter. Als im Juni 1815 national gesinnte Studenten in Jena die Deutsche Burschenschaft ins Leben riefen, die für die demokratische Entwicklung in Deutschland so wichtig wurde, waren neun von ihren elf Gründungsmitgliedern ehemalige Kämpfer des Lützower Freikorps. So verwundert es nicht, daß sie für ihre Fahne dessen Farben Schwarz und Rot wählten. Das Gold der Lützower Uniformknöpfe findet sich in den Fransen dieser ältesten deutschen Fahne wieder. Die Entstehungsgeschichte des republikanischen Symbols für Deutschands Freiheit und Einheit begann also hier in Breslau. Auch unsere Nationalhymne hat einen Breslauer Bezug. Ihr Textdichter, der liberale August Heinrich Hoffmann von Fallersleben, lehrte viele Jahre an der Breslauer Universität. Nachdem er hier sein Amt verloren hatte, schrieb er 1841 auf der Insel Helgoland das Deutschlandlied, dessen dritte Strophe »Einigkeit und Recht und Freiheit …« zu unserer Nationalhymne wurde.

Unser Weg führt uns in die Schweidnitzer Straße. Trotz aller Zerstörungen im Zweiten Weltkrieg ist sie die Haupt-

Das frühere Schloß

geschäftsstraße der Stadt geblieben. Ein Gemisch aus
alten wiedererstandenen und
neuen Kaufhäusern und – wie
könnte es in Breslau anders
sein – gotischen Kirchen. Auf
der rechten Seite erwartet uns
ein Ensemble von ganz unterschiedlichen Gebäuden: die
gotische Dorotheenkirche mit
ihrem hohen Dach, umgeben
vom neobarocken Hotel Me-
tropol und dem neuen, post-
modernen Kaufhaus Solpol.
Die Vielzahl der Stile in dieser
bekanntesten Straße Breslaus
spiegelt sich auch in der klas-
sizistischen Oper, die zur Zeit
renoviert wird, und der gotischen Corpus-Christi-Kir-
che mit ihrem schmuckvollen
Backsteingiebel.
Vor dem Rückweg zum Hotel
werfen wir noch einen Blick in
die Dorotheenkirche, über die
ich schon soviel gelesen habe,
ohne ihr Inneres zu kennen.

Rechts:
Dorotheen-
kirche und
Hotel Monopol

Die dreischiffige gotische Doro-theenkirche

Mit ihren 83 Metern ist die dreischiffige gotische Kirche die längste in Breslau und besticht durch ihre Proportionen und Helligkeit. Wie durch ein Wunder blieb sie im Zweiten Weltkrieg bis auf einige Einschüsse unzerstört. Den vielen Altären ist anzusehen, daß es sich hier um das in die Kirche eingepaßte, ursprüngliche Mobiliar handelt.

Kaiser Karl IV. hat die Kirche als ein Gotteshaus der Versöhnung gestiftet, als er sich 1351 hier in Breslau zu Gesprächen mit dem polnischen König Kasimir dem Großen traf. Dies war notwendig, weil es nach dem Übergang Schlesiens zur böhmischen Krone zu Spannungen zwischen Deutschen und Polen gekommen war. Ein Sohn des berühmten kaiserlichen Baumeisters Peter Parler hat mit dem Bau dieser Kirche begonnen. Um 1400 war sie bereits fertiggestellt. 1524 fand hier in der Dorotheenkirche die Disputation statt, mit der die Reformation ihren Durchbruch in Breslau erzielte. Die Urteile, die ich über dieses Gotteshaus gelesen habe, bestehen zu Recht: »ein Innenraum, wie ihn vollendeter die Breslauer Gotik nirgendwo aufzuweisen hat« mit einem »hinreißenden Zusammenspiel gotischer und barocker Formen«.

Deutsches Schlesien und das Riesengebirge

Drehreise im Mai 2000

Mit dem Dienstauto bin ich auf der A4 hinter Dresden in Richtung Görlitz unterwegs. Am Abend wollen wir uns dort mit dem Team im Hotel Tuchmacher treffen. Es ist Montag, der 22. Mai. Bisher war es eine beschwerliche Fahrt mit wolkenbruchartigen Regenschauern. Jetzt endlich bessert sich das Wetter. Auch nimmt der Lkw-Verkehr merklich ab. Auf der rechten Seite erscheinen die bewaldeten Ketten des Oberlausitzer Berglands. Davor erstreckt sich die hügelige, in weiten Bögen schwingende Landschaft, die trotz des Wetters heiter wirkt. Die schöne Silhouette von Bautzen auf einem Bergkegel kommt ins Blickfeld. Das häßliche Hochhaus aus der DDR-Zeit, das das mittelalterliche Bild so verschandelt hat, wurde inzwischen abgerissen.

Über die neue Autobahn hinter Weißenberg fahre ich zum ersten Mal. Ich bin voller Spannung, denn bald muß der Eingang zum längsten Tunnel Deutschlands kommen, der durch eines der kleinsten deutschen Gebirge, die Königshainer Berge, gebaut wurde. Hier beginnt Schlesien. Niederschlesischer Oberlausitzkreis heißt jetzt verwaltungspolitisch diese Gegend, deren Autokennzeichen mit der Abkürzung NOL beginnen. Ich kenne Fotos vom Tunneleingang. Rechts ein riesiger Granitblock mit der eingemeißelten Inschrift TUNNEL KÖNIGSHAINER BERGE 3,3 Kilometer lang. Auf dem Mittelstreifen ein ebensogroßer Fels aus Königshainer Granit mit dem niederschlesischen Wappen und der Bezeichnung SCHLESISCHES TOR. Ich weiß von der Anregung für diese auffällige Markierung. Sie stammt von der Vorsitzenden des Schlesischen Heimatbundes Niesky, Marianne Paul. Eine couragierte Frau, die dem Bundesbauministerium dieses in Granit ge-

meißelte Bekenntnis zur schlesischen Heimat abgetrotzt hat.

Auf der ebenen neuen Autobahn, auf der es keine Geschwindigkeitsbegrenzung gibt, fahre ich absichtlich langsam. Ich will die Steine sehen, die ich bisher nur aus Abbildungen kenne. Neben der Tunneleinfahrt will ich, wenn das Wetter besser ist, für den 3sat-Film »Schlesische Reise – 1000 Jahre Breslau« einen Aufsager zur Begrüßung der Zuschauer machen, in dem ich erkläre, daß dieser derzeit längste Tunnel Deutschlands im Niederschlesischen Oberlausitzkreis liegt, dem deutsch gebliebenen Zipfel von Schlesien. Östlich der Görlitzer Neiße ist Schlesien polnisch, das auch Schlesien/Slask heißt.

Der Tunnel ist auffallend hell beleuchtet. Ich vergleiche ihn mit anderen, die ich kenne. Schon nach kurzer Zeit kommen große Pannenbuchten, breite Stellen, die die beiden Richtungen miteinander verbinden. Mit dem Tunnel ist meine Heimat näher gerückt. Ich freue mich darüber. Die Fahrt von Dresden bis Görlitz hat früher bis zu zwei Stunden gedauert. Jetzt sind die 100 Kilometer in weniger als einer Stunde zu bewältigen.

Nach dem Tunnelausgang habe ich erwartet, die Landeskrone, den die Landschaft überragenden Hausberg von

Görlitz, zu sehen. Aber noch verwehrt die Böschung den Blick. Dann steht der ehemalige Vulkankegel mit seinen 420 Metern – das geographische Wahrzeichen meiner Heimat – über dem hügeligen Land. Wie oft habe ich diesen Berg bestiegen, der so ganz anders ist als die in der Nähe liegenden Berge. Kein heller Granit, sondern vulkanischer dunkler Basalt. Erinnerungen an Ausflüge mit Eltern und Geschwistern. Mit der Schulklasse. Schilder mit dem Hinweis BRESLAU/WROCLAW. Von hier sind es noch etwa 150 Kilometer dorthin.

Ausfahrt Richtung Görlitz. Ich komme durch Straßen, die ich lange nicht mehr gesehen habe. Sehr viele Häuser sind inzwischen verputzt. Manche Straßenzüge sind schon komplett renoviert. Ihre Farben leuchten in der Sonne, die jetzt immer mehr hervorkommt. Vor der politischen Wende, vor 1990, war hier alles grau in grau, drohte die gesamte Stadt immer schneller zu zerfallen. Die Einheit Deutschlands kam gerade noch richtig im letzten Moment. Sie hat das Sterben der Stadt aufgehalten. Zwar weiß ich um alle heutigen Probleme von Görlitz – die hohe Arbeitslosigkeit, die Vergreisung, weil immer noch Jugendliche von hier weggehen –, aber die schönen Bauten, die in den beiden Weltkriegen unzerstört blieben, haben nun die Chance, gerettet zu werden. Der Bund Deutscher Architekten hat 1996 in seiner »Er-

Die Landeskrone bei Görlitz, der Hausberg meiner Heimatstadt

klärung zu Görlitz« den Wert und die Problematik der Stadt aufgezeigt: »Die Delegierten des BDA sind fasziniert von dem großartigen städtischen Kunstwerk Görlitz, wohl einem der schönsten Ensembles Europas, aber zugleich einem der vergessensten und gefährdetsten. Die Delegierten sind beeindruckt von den bereits geleisteten Rettungsaktionen, befürchten aber, daß der Verfall der Stadt kaum aufzuhalten sein wird ohne ökonomisch-strukturelle Maßnahmen und damit Stärkung von Eigeninitiativen und Investitionen.« Als Gegenmaßnahme haben die Architekten die Gründung einer Stiftung für Görlitz empfohlen, die Mittel und Wege für die Rettung der Stadt entwickeln soll.

Görlitz besitzt kein herrschaftliches Schloß wie frühere Residenzstädte, keine so große Sammlung von Kunstschätzen wie etwa Dresden mit dem Zwinger und dem Grünen Gewölbe. Aber die ganze Stadt selbst ist ein Schatz. Görlitz verfügt über ein harmonisches Stadtbild, das, auf die Größe der Stadt bezogen, von der Vielzahl der denkmalgeschützten Häuser her (mehr als 3500) unvergleichlich ist. Die Stadt schlägt einen einmaligen historischen Bogen von Gotik über Renaissance, Barock und Gründerzeit bis hin zum Jugendstil. Der Vorstandsvorsitzende der Deutschen Stiftung Denkmalschutz Gottfried Kiesow nennt Görlitz die »schönste deutsche Stadt«. Mit diesem Superlativ habe ich als in Görlitz aufgewachsener Bürger einige Probleme, weil ich Regensburg, Bamberg und Heidelberg kenne, die für mich auch besonders schöne Städte sind. Auch müßte man das Urteil auf schönste deutsche *Provinz*stadt einschränken. Berlin, München, Hamburg und Köln sind schöne deutsche *Groß*städte. Aber Professor Kiesow als Fachmann kann sein Urteil über Görlitz damit begründen, daß es eine ähnlich unzerstörte, gewachsene Bausubstanz aus mehreren Jahrhunderten in dieser Dichte tatsächlich sonst nirgends in Deutschland gibt.

Das Hotel Tuchmacher, in dem ich zum zweiten Mal wohne, ist ein gelungenes Beispiel dafür, was Geld und Initiative von Privatleuten zu leisten vermögen. Aus zwei unterschiedlich alten Häusern entstand hier durch das Wuppertaler Unternehmerehepaar Vits ein großartiges Hotel. Auf der Vorderseite zur Peterstraße ist es ein Renaissancehaus,

das der berühmte Görlitzer Baumeister Wendel Roßkopf 1528 für den reichen Bürgermeister errichten ließ. Dahinter ist es ein Bau aus dem 19. Jahrhundert, in dem früher eine Zigarrenfabrik untergebracht war. Im letzteren habe ich wieder mein Zimmer gewählt. Mit Blick auf die benachbarte gotische Peterskirche und das noch ältere Waidhaus. Unter der so bebauten Anhöhe fließt die Neiße, der Fluß, der heute die Grenze zwischen dem deutschen und polnischen Schlesien bildet. Wenn ich das Fenster öffne, kann ich aus meiner Lieblingskirche Orgelklänge hören. Zu meinem Zimmer gehe ich meist durch den Verbindungstrakt im ersten Stock. Hier gibt es ein Schlinggewölbe von der Art wie im Wladislaw-Saal der Prager Burg. Der Görlitzer Baumeister hatte bei Benedikt Ried in Prag gelernt.

Mit meinem Team gehe ich durch die Peterstraße zum Untermarkt, dem historischen Herzen von Görlitz. Meine Kollegen Lothar Franzke und Cornelia Esche sind schon vor mir angekommen und haben sich bereits einen Teil der Stadt angesehen. Sie sind von der Altstadt begeistert, nur finden

Der Unter-markt mit dem Rathaus, das Herz der Altstadt von Görlitz. Links vom Rathaus der »Mönch«, der schlanke Turm der Drei-faltigkeitskir-che auf dem Obermarkt

Die kunstvolle Uhr am Rathausturm von 1584 mit ihren beiden Zifferblättern. Der Kopf in der unteren Uhr bewegt jede Minute die Kinnlade und verdreht seine Augen

sie die Straßen wenig belebt. Ich versuche ihnen die Gründe zu erklären. Viele Leute sind von hier in die Trabantenstadt Königshufen gezogen, weil es dort Balkone und Bäder mit eigener Toilette gab. Die leerstehenden Häuser verfielen und wurden unbewohnbar. Im Frenzelhof besprechen wir noch einmal unseren Drehplan für die kommenden Tage. Unsere große Rundreise durch Niederschlesien hat noch nicht begonnen. Sie wird erst Mitte Juni bis Anfang Juli stattfinden, in den Wochen vor und nach dem großen Millenniumsfest in Breslau vom 23. bis 25. Juni. Hier in Görlitz wollen wir in den nächsten Tagen Interviews mit Zeitzeugen für »Die große Flucht« machen, den Anfangsdreh im deutsch gebliebenen Zipfel von Schlesien und, wenn es das Wetter erlaubt, eine Reise auf die Schneekoppe im Riesengebirge.

In der Bleicherstube des Hotels Tuchmacher im ersten Stock mit der zwischen den mächtigen Holzbalken bemalten Renaissancedecke haben wir im abgedunkelten Raum unser Interview-Studio mit speziellem Kunstlicht eingerichtet. Erster Gast im »Studio Görlitz« ist eine fast neunzigjährige Frau im Rollstuhl, die ergreifend ihre Erlebnisse auf der Flucht 1945 und ihre Vertreibung ein Jahr später schildert. Auch wenn die Erinnerungen sie wieder schmerzen, freut sie sich sehr darüber, daß ich sie aus der Flut von Zuschriften für ein Interview ausgewählt habe. Sie hat dabei selbst mitgeholfen, weil sie mehrfach sehr liebenswürdig nachgefragt hatte.

Als ich sie nach unten begleite, bemerke ich eine rasante Wetterbesserung. Blauer Himmel über Görlitz. Bestes Wet-

ter für Außenaufnahmen. Wie gut, daß wir keine weiteren Interviewpartner bestellt haben.

Wir beginnen mit dem Dreh am Untermarkt mit seinen Laubengängen und dem Rathaus mit dem schönen Turm. Leider ist der Boden vor dem Schönhof aus dem Jahre 1526, dem ältesten Renaissancehaus Deutschlands, aufgerissen. Zwischen ihm und dem übernächsten Gebäude »Goldener Baum«, das ebenfalls dem im Aufbau befindlichen »Landesmuseum Schlesien« gehört, werden Kabel- und Verbindungsstränge gezogen. Es ist deshalb schwierig, hier gute Einstellungen zu filmen. Wir wollen ja nicht mit Löchern und Schächten die Zuschauer abschrecken. Eines der interessantesten und schönsten Gebäude auf dem Untermarkt – die Waage – ist eingerüstet und mit Folien umhangen. Auf der anderen Seite des Platzes ist es dem Eckhaus – der historischen Scultetus-Apotheke mit der Sonnenuhr – genauso ergangen. Das bedeutendste Renaissancehaus der Stadt, das sogenannte Biblische Haus mit seinen vielen Bildern aus

Blick aus den Lauben am Untermarkt auf die Rathaustreppe mit der Justitiasäule, der Verkündkanzel und dem Stadtwappen. Das bekannteste Motiv der Görlitzer Altstadt

»Die Zeile«
inmitten des
Untermarkts
mit dem
Neptunbrunnen
(schlesisch
»Gabeljürge«)

Sandstein, das nur wenige Meter von hier in der Neiße-straße liegt, ist ebenfalls hinter Planen verborgen. Aber das Rathaus mit seinen vier Gebäuden und dem Turm mit den Uhren ist fertig restauriert und glänzt in der Sonne.

Im Vergleich zu Breslau ist Görlitz jünger. In einer Urkun-de von Kaiser Heinrich IV. wird im Jahre 1071 erstmals eine »Villa Gorelic« erwähnt. Es ist die geschichtliche Geburts-stunde von Görlitz. An dem Kreuzungspunkt wichtiger Handelsstraßen der Via Regia von Frankfurt am Main nach Breslau und Krakau bis zur Krim und der Route von der Ostsee über Prag zur Adria siedelten sich im 13. Jahrhun-dert Kaufleute und Handwerker, vor allem Tuchmacher, an. Sie kamen zumeist aus Franken und Thüringen, aber auch aus Holland oder dem benachbarten Bistum Meißen. Am Ende des 15. Jahrhunderts zählt Görlitz mit über 9000 Ein-wohnern zu den großen deutschen Städten und besitzt fast den Rang einer Freien Reichsstadt. 1635 fällt es mit der Oberlausitz an das Kurfürstentum Sachsen. 1815 spricht der Wiener Kongreß die östliche Oberlausitz mit der Stadt Görlitz dem preußischen Königreich zu. So wird dieses Ge-biet der Provinz Schlesien einverleibt. Die »schlesische Oberlausitz« erfährt einen rasanten wirtschaftlichen Auf-

schwung. Die Einwohnerzahl von Görlitz steigt von 10 000 im Jahre 1815 bis auf 100 000 im Jahre 1945 an.

Jetzt hat das deutsche Görlitz nur noch 65 000 Einwohner. Rechnet man aber die 35 000 Einwohner des polnischen Zgorzelec hinter der Neiße dazu, hat die zur Europastadt erklärte Doppelkommune heute genauso viele Bewohner wie zur Jahrhundertmitte. Waren es vor dem Kriegsende sieben Brücken, die die Stadtteile miteinander verbanden, so sind es heute nur noch zwei. Schon seit Jahren ist daher beabsichtigt, die Altstadtbrücke wiederaufzubauen.

Wir gehen weiter zum Marienplatz mit seinem Dicken Turm, der neu verputzt wurde. Hier geht die Altstadt in moderne Geschäfts- und Wohnviertel über; hier steht das einzige unzerstörte Großkaufhaus Deutschlands im Jugendstil. Sein weiter Lichthof mit den freien Treppen und dem bunten Glasdach beeindruckt alle Besucher. Wir kehren zurück in die Altstadt zur Peterskirche. Das fünfschiffige Gotteshaus, das 1497 fertiggestellt wurde, ist die größte Hallenkirche im ostdeutschen Raum. Fast unwirklich sind ihre schlanken Säulen, die wie Stengel in der Natur in das filigrane Sternennetzgewölbe übergehen. Eine fröhliche, helle Kirche, deren Chor fast nur aus hohen Fenstern be-

Die gotische Peterskirche in Görlitz. Rechts davor das Renaissancehaus von 1528, das heute zum Viersternehotel Tuchmacher gehört

Seite 80/81: Der Marienplatz von Görlitz mit dem Dicken Turm, links die spätgotische Annenkapelle

Die Südseite der Peterskirche, rechts das Waidhaus, das älteste Gebäude der Stadt

steht. Am 6. Juni 1996 wurde hier auf meine Anregung Gustav Mahlers 2. Sinfonie, die Auferstehungssinfonie, aufgeführt, die 3sat live übertragen hat. Das Konzert sollte nach der Ausstrahlung der beiden Filme »Schlesien – Brücke in Europa« der krönende musikalische und völkerverbindende Abschluß sein. In der»Jungen Europera Philharmonie« mit ihren 105 Mitwirkenden spielten vor allem Deutsche und Polen, aber auch Musikstudenten aus der Tschechischen Republik und anderen osteuropäischen Ländern. Der Chor kam aus Breslau von der Technischen Universität und wurde von Mitgliedern der Semperoper Dresden ergänzt. Die beiden Solistinnen stammten aus Prag und Dresden. Der Intendant des ZDF, Dieter Stolte, hatte die Schirmherrschaft übernommen. Es wurde ein wundervolles Konzert in der vollbesetzten Kirche mit einer einmaligen Atmosphäre. Leider war damals noch die große Sonnenorgel in Reparatur, die jetzt wieder hergestellt ist. Ich erzähle meinen Kollegen, die mit großer Freude diese schöne Kirche filmen, daß ich aus dem Schluß der Mahlersinfonie eine Stelle für die »Schlesische Reise« übernehmen werde.

Am Waidhaus, dem ältesten Gebäude der Stadt, vorbei, gehen wir die wenigen Schritte von der Peterskirche hinun-

ter zur Vierradenmühle an der Neiße. Seit einigen Jahren gibt es hier im historischen Gemäuer ein originelles Restaurant, dessen Stromversorgung eine Turbine leistet, die unter einem Glasboden mitten im Lokal sichtbar ist. Die alte Mühle mit der neuen technischen Einrichtung fasziniert die Kollegen. Doch bei dem schönen Wetter sitzen wir lieber draußen auf der hohen Brüstung mit ihren vielen Tischen, die wie ein Boot im Fluß liegt. In der östlichsten Gastwirtschaft Deutschlands empfehle ich meinen Kollegen für die Drehpause Crêpes oder Galettes. Für schlesische Gerichte, die es hier auch gibt, ist es jetzt am Nachmittag zu heiß. Nach der Bestellung frage ich die Bedienung nach ihrem Chef, den ich kenne und mit dem ich ein Interviewtermin vereinbaren möchte. Dietmar Dörfer ist für mich ein bewundernswerter Mensch voller Ideen und Energie. Schon 1995 war er mir in einem Gespräch aufgefallen. »Früher zu DDR-Zeiten haben wir geschimpft, weil wir nichts unternehmen konnten. Jetzt können wir wieder etwas auf die Beine stellen und sollten aufhören zu schimpfen.«
Die Bedienung gibt mir Dörfers Handynummer. Wir verabreden uns in seiner großen Mühle in Ludwigsdorf für den übernächsten Tag.

Die fünfschif-fige Peters-kirche mit ihrem gotischen Netzgewölbe von 1497

*Die Neißstraße
in Görlitz mit
ihren vielen
urigen Kneipen*

Nach unserem Imbiß gehen wir die Neißstraße hoch, wo
früher die Kaufleute mit ihren Waren entlangzogen, wieder
zum Untermarkt. Wir treffen dort Matthias Schneider, den
Leiter der Stabsstelle im Büro des Oberbürgermeisters. Ich
kenne ihn schon seit 1996, als er Pressesprecher des Eu-
ropera-Orchesters war. Ich informiere ihn über unsere beiden Filmvorhaben und bitte um ein Interview mit dem OB.
»Wollen Sie nicht bei dem schönen Wetter auf den Rathausturm?« fragt er uns, »ich gehe mit Ihnen hoch.«
Wir sind von dem unkomplizierten Angebot angetan und
nehmen es dankend an.
Mitten im Turmaufstieg schlägt mir Matthias Schneider vor,
einen Schalter zu drücken. Die Wirkung ist verblüffend,
weil nun der Löwe laut brüllt, wie sonst nur zur Mittags-
stunde. Oben angekommen sind wir überrascht, daß man
heute sogar das Isergebirge sehen kann. Unter uns fallen die
roten Dächer der vielen Gebäude auf, die alle neu einge-
deckt wurden. »Was für eine Arbeit«, sage ich, »wenigstens
sind die nun alle dicht. Jetzt kann nichts mehr so schnell
verfallen.« Nach dem erneuten Abstieg vereinbaren wir
einen vorläufigen Interviewtermin mit dem Oberbürgermeister für Mitte Juni.

*Rechte Seite:
Die Brüder-
straße Rich-
tung Unter-
markt mit dem
roten Schönhof,
dem ältesten
Renaissance-
haus Deutsch-
lands von 1526*

Dann gehen wir zum Postplatz und seinem Brunnen mit der Muschelminna. So heißt bei den Görlitzern die weibliche Figur, die die große Muschel hochhält, aus der das Brunnenwasser rinnt. Am Gerichtsgebäude erinnern Tafeln an die Opfer des Aufstandes vom 17. Juni 1953 gegen die SED-Diktatur. Durch die Jakobstraße, deren Gebäude fertig restauriert sind, setzen wir unseren Weg fort zum großen Wilhelmplatz. Meine Oberschule, in der ich das Abitur gemacht habe, ist eingerüstet. Endlich wird auch sie verputzt. In der Straßburgpassage erinnere ich mich an den Kauf meiner ersten Querflöte, die mir soviel bedeutet hat. Überall in dieser Stadt finde ich Spuren meiner Jugendzeit. Wir folgen der Berliner Straße, der Hauptgeschäftsstraße, zum Bahnhof und laufen von dort weiter zur Stadthalle vor dem Übergang nach Zgorzelec. »Willkommen in Görlitz, der größten niederschlesischen Stadt der Bundesrepublik Deutschland im Freistaat Sachsen« steht hier in Deutsch und Polnisch. Neben der Stadthalle, in deren großem Saal mit seinen 1800 Plätzen ich die ersten Sinfoniekonzerte erlebt habe, steht der Meridianstein. Hier verläuft der 15. Meridian, der Längengrad, der unsere mitteleuropäische Zeit bestimmt. Hier in Görlitz gehen also die Uhren in Deutschland am genauesten. Am Ende des Stadtparks mit seinen schönen Bäumen und den riesigen Rhododendrenhainen zeige ich meinen Kollegen das Haus, in dem ich als Oberschüler zwei Jahre gewohnt habe.

»Dort unter dem Dach mit den kleinen Fenstern. Da haben früher einmal die Dienstmädchen gewohnt.«

Sie schütteln ungläubig den Kopf.

»Da mußt du ja Platzangst bekommen haben!«

Heute kann ich es selbst fast nicht mehr verstehen, wie ich das ausgehalten habe.

In der James-von-Moltke-Straße zeige ich meinem Team die Villa, die für mich am 17. Juni 1953 so bedeutsam war. An diesem Tage wurde ich in der HNO-Klinik operiert. Sie lag zwischen der Russischen Kommandantur und dem Gebäude der Staatssicherheit. Als damals geschossen wurde, versteckte mein Zimmerkamerad, der Volksarmist war, aus Angst vor einem Umsturz seine Uniform hinter dem Schrank. Am nächsten Tag kamen meine Eltern und erzählten mir im Garten der Klinik flüsternd, was eigentlich ge-

Seite 86/87:
Der Görlitzer
Postplatz mit
dem schönen
Brunnen,
dessen weibliche
Figur
»Muschel-
minna«
genannt wird

schehen war. Daß die Russen mit ihren Panzern gekommen seien, daß es nach dem gescheiterten Aufstand Tote und Verletzte und auch in meinem Heimatdorf Zodel Verhaftungen gegeben habe. Was hätte ich getan, wenn ich damals nicht in der Klinik gewesen wäre?

Wir sind neben der Autobahn wenige Meter vor dem Tunnel durch die Königshainer Berge. Eine unterbrochene Leitplanke hat die Ausfahrt auf die geteerte Fläche ermöglicht. Der Polizist mit seiner Begleiterin, die in ihrem Auto hier stehen, haben uns die Aufnahme meines Aufsagers gestattet. Wir bedanken uns mit Mainzelmännchen und ZDF-Aufklebern. Als ich mitten im Text bin, kommt der Polizist auf uns zu. Ihm täte es sehr leid, aber in Dresden beim Autobahnamt habe man uns über Monitore beobachtet, und ohne schriftliche Genehmigung von dort dürften wir hier nicht drehen. Also Abbruch. Schade um das schöne Wetter. Am nächsten Tag filmen wir die Mühle in Ludwigsdorf und das neue Wasserkraftwerk, das Dietmar Dörfer hier an der Neiße baut. Dann folgt sein Interview vor den alten Mahlwerken aus den dreißiger Jahren. Nach der Wende hat er hier in der Mühle neueste Technik einbauen lassen, die Maschinen aber dann doch wieder nach Litauen verkaufen müssen, weil die Nachfrage nach seinem Mehl zurückging, als eine Großmühle in Dresden zu produzieren anfing. Das hat ihm weh getan. Jetzt ist er voller Energie am Bau seines Wasserkraftwerkes. Warum baut er es?
»Man muß an Standorten, wo Wehre über Jahrhunderte vorhanden sind, die Wasserkraft nutzen. Diese Anlage wird im Jahr bis zu drei Millionen Kilowattstunden erzeugen. Das sind fast dreitausend Tonnen CO_2-Ausstoß, den wir der Umwelt ersparen.«
Es wird eine der modernsten Anlagen in Deutschland. Vor drei Wochen haben er und sein Team dafür den Innovationspreis von Sachsen für das außergewöhnlichste Bauwerk erhalten. Aus seiner alten Mühle will er kein Museum machen, aber er will sie häufiger zu einer Art Erlebnisgastronomie nutzen. Nicht täglich, wie in der Vierradenmühle in Görlitz, sondern Mühlenabende mit Kleinkunst, »wo man die ganzen schönen Sachen der Müllerei den Leuten näherbringen kann.« Zum Schluß frage ich Dietmar Dörfer, der aus dem

Der Gutshof Hedicke in Görlitz-Ludwigsdorf mit seinem Feinschmecker-Restaurant

heute polnischen Teil Schlesiens stammt: »Wie beurteilen Sie die Zukunft Schlesiens hier und dann auch des polnischen Schlesiens? Wird das wieder die besonders fortschrittliche Gegend, die es früher einmal war?«

»Die Chance wäre da, wenn man gemeinsame Wege findet, es umzusetzen. Der eine hat das Know-how, der andere die Ressourcen. Wir haben einen Haufen Arbeitslose, hochintelligente, gut ausgebildete Leute, die müßten Aufgaben bekommen, etwas gemeinsam aufzubauen. Viel wird geredet, aber in der Realität fehlt dann doch die Kraft dazu. Wenn sie heute etwas Neues machen, dann ist der Genehmigungsweg zu lang, und wenn sie etwas Außergewöhnliches machen, dann wird es noch schwieriger mit der Bürokratie.«

Im gleichen Ort Ludwigsdorf, das seit einiger Zeit zu Görlitz gehört, liegt in der Nähe der Kirche mit ihrem romanischen Portal der Gutshof Hedicke, heute ein Viersternehotel mit einer hervorragenden Küche. 1993 entschloß sich

Eike Hedicke mit seiner in Lissabon geborenen Frau Madalena zum Umzug von Düsseldorf in die Heimat seiner Eltern. Aus dem in der DDR-Zeit heruntergekommenen Hof machten sie ein Schmuckstück. Hinter dem Hoteltrakt erstrecken sich gepflegte Wiesen bis zum romantischen Neißeufer. Als letzte Errungenschaft macht die Theaterscheune von sich reden. Eine ehemalige Bauernscheune, die jetzt vielfältigen Veranstaltungen dient. Wir haben verabredet, daß der Chef heute mittag für uns vor der Kamera »Schlesisches Himmelreich« kocht. Am Abend hätte er wegen der Gäste dafür keine Zeit, und wir könnten nicht in Ruhe drehen.

Nach dem technischen Aufbau am Tisch filmt Lothar Franzke in der Küche am Herd. Dann wird mir vor laufender Kamera von Eike Hedicke das Lieblingsgericht der Schlesier serviert. Ich probiere es neugierig. Das Gericht, das nicht jedermanns Sache ist, schmeckt mir ausgezeichnet. Ich frage ihn nach der Zubereitung. Er folgt dem Rezept seiner schlesischen Großmutter, das er mir anschließend in Sütterlin geschrieben überreicht. Eine Verwandte von ihm hatte es festgehalten. Zum Glück kann ich diese altmodische Schrift noch lesen.

Schlesisches Himmelreich von Eike Hedicke gekocht und serviert

Rezept für Schlesisches Himmelreich
mündlich überliefert von meiner Großmutter, gelebt
von 1859 bis 1932 in Haunold, Kreis Frankenstein in
Schlesien.
Zutaten:
1 kg aus eigener Schlachtung gepökelter und geräu-
cherter Schweinekamm oder Schweinerippen
1 kg Backobst – aus dem eigenen Obstgarten, abgetrocknete Pflaumen, abgetrocknete Birnen, abgetrocknete Apfelringe (getrocknete Aprikosen kamen
erst viel später hinzu).
Zubereitung des Gerichtes:
Fleisch mit Wasser ansetzen, kurz vor dem Garwer-
den das Backobst dazugeben, kochen, bis es weich ist,
Fleisch entnehmen und in Scheiben schneiden. Die
Brühe mit Mehl andicken, nach Abschmecken even-
tuell etwas Zucker zugeben.

Zubereitung der Schlesischen Kartoffelklöße
1,5 kg Kartoffeln abpellen und durch die Kartoffel-
quetsche pressen mit
1 Ei, etwas Salz und 125 g Kartoffelmehl vermengen,
zu einem Teig kneten; davon
Klöße formen, in kochendem Salzwasser
15 Minuten sieden lassen und zum Schlesischen Himmelreich servieren.
Guten Appetit!

Groß Krauscha Anno 1955

»Eigentlich ein ganz einfaches Gericht, das sich leicht zube-
reiten läßt«, sagt Herr Hedicke.
»Und prima schmeckt«, ergänze ich.
Meine Kollegen, die nach dem Dreh mit mir gemeinsam
speisen, sind derselben Meinung.

An diesem strahlenden Frühsommertag ist unser nächstes
Ziel mein Geburtsort Zodel. Wir fahren Richtung Norden.
Rechts liegt das breite Neißetal, ein Urstromtal aus der Eis-
zeit, das in meiner Kindheit oft im Frühjahr überschwemmt
war und dann einem See glich. Heute glitzert das Band des
schmalen Flusses friedlich in den grünen Auen, in denen

schwarz-weiß gefleckte Kühe weiden. Wie immer, wenn ich
in meinen Geburtsort fahre, habe ich das Gefühl, mich
einem konzentrischen Punkt meines Lebens zu nähern, von
dem ich weit entfernt bin und der mich jetzt wieder anzieht
wie ein Magnet. Ich fahre zurück in meine Kindheit, in
meine Heimat. Heimisch könnte ich fast überall werden,
aber meine wirkliche Heimat ist hier und nur hier. Hierher
gehören meine ersten Erinnerungen und Erlebnisse, die Bilder einer geborgenen Kindheit, trotz aller Not am Ende des
Krieges. Eine Reise in die Kindheit ist Gewinn und Verlust
zugleich, bedeutet Wiedersehen und Freude, Abschied und
Wehmut. Vor wenigen Wochen war ein ehemaliger Nachbar
gestorben, der für mich so eng mit meiner Kindheit ver-
knüpft war wie sonst kaum jemand von den noch lebenden
Verwandten und Bekannten meines Geburtsortes.
Ich zeige meinen Kollegen die beiden Störche auf dem Bauernhof zur Linken. Selten ist das Storchenehepaar zusammen auf dem Nest zu sehen. Drei Storchennester gibt es in
meinem Geburtsort. Wenige hundert Meter weiter halten
wir bei dem nächsten. Wir sind im »Jaegerhof«, einem alten
Bauerngut, das von den beiden Söhnen des verstorbenen

Storch beim
Wegflug vom
Nest auf
dem Dach des
Landgasthofes
in Zodel

Besitzers mit viel Liebe, Geschmack und Ideen renoviert worden ist. Aus dem Grau des früheren sozialistischen Alltags entstanden hier eine Gaststätte und zwei Ferienwohnungen, die ihresgleichen suchen. Der frische gelbe Anstrich leuchtet in der warmen Nachmittagssonne; die Storchenmutter oder der Storchenvater steht auf dem Nest. Zwei kleine Hälse recken sich in die Luft.

Die Altchefin des Hauses kommt. Jetzt wird es schlesisch. Es sind die vertrauten Laute mit der Klangfärbung meines Heimatdorfes.

»Nu, die haben zwee Junge«, klärt sie uns nach der Begrüßung über die Störche auf.

»Nu« ist ein sehr wichtiges Wort, denn damit beginnen hier in der Gegend fast alle Sätze. Und »nu« einzeln gesprochen heißt »ja«, eine sonst so übliche Silbe, die hier kaum gebraucht wird.

Meine Kollegen filmen. Ich fotografiere.

»Können wir da oben in die Wohnung?« fragt der Kameramann, »da kann ich besser in das Nest schauen.«

»Nicht ganz hoch. Die Mieter sind verreist. Aber sie können in die Wohnung meiner Mutter.«

Die beiden Storchenjungen sind nun gut zu sehen. Jetzt wollen wir noch auf den Wachwechsel der Eltern warten. Aber der zweite Storch läßt sich Zeit. Wir geben auf. Aber als wir wieder unten im Hof sind und noch eine andere Einstellung drehen, kommt der zweite Storch. Auch das Wieder-weg-Fliegen kann die Kamera festhalten.

Wir beschließen, eine Einstellung aus dem fahrenden Auto zu drehen, um einen Eindruck vom Dorf zu vermitteln. Vom »Jaegerhof« fahren wir bis zu meinem Geburtshaus, das, wie ich weiß, endlich frisch verputzt wurde. Jahrzehntelang stand die ehemalige Schule noch mit den Einschußlöchern aus dem letzten Krieg da. Jetzt hat die Gemeinde, die das

*Das ehemalige
Schulhaus in
Zodel, mein
Geburtshaus*

Haus besitzt, die Renovierung übernommen. Bei meinem letzten Besuch im vorigen Jahr konnte ich mit einem Foto von früher den Bürgermeister gerade noch rechtzeitig überzeugen, die weißen Umrandungen von 1927 nachmalen zu lassen. Wer seine Heimat und sein Geburtshaus liebt, dem kann es nicht gleichgültig sein, wie es aussieht. Früher besaß es einen repräsentativen Eingang mit Pilastern an den Seiten. Aber nach dem Umbau zu Wohnungen wurde dieser zugemauert. Die großen Fenster im Erdgeschoß wurden verkleinert und können nicht wiederhergestellt werden. Aber ich bin froh, daß nun das vergammelte Aussehen ein Ende gefunden hat. Daß einmal eine Sparkasse mit D-Mark in meinem Geburtshaus ist, wer hätte das früher zu DDR-Zeiten gedacht.

Ich erzähle meinen Kollegen von früher und bin glücklich darüber, daß ich in der »Schlesischen Reise« mit dem reportagehaften, persönlichen Stil meinen Geburtsort vorstellen kann. 1995 haben wir hier in Zodel auch Bilder gedreht, die ich in »Schlesien – Brücke in Europa« verwendet habe – wie die Störche und die Reste der 1945 zerstörten Brücke über die Neiße –, aber da habe ich nicht erklärt, woher sie stammen. Jetzt wird Zodel ganz offiziell zu einer Station im 3sat-Film. Unser damaliger Hauptredaktionsleiter und jet-

ziger stellvertretende Chefredakteur Helmut Reitze, der 1996 die beiden Filmteile abgenommen hat, fragte mich anschließend, warum ich nicht *mehr* von meinen persönlichen Beziehungen zu Schlesien gezeigt hätte. Damals handelte es sich um eine klassische Dokumentation. Jetzt hingegen, in einer Reportage, zeige ich meine Herkunft sehr gern.

Bevor wir von meinem Geburtshaus zur Kirche weiterfahren, gehe ich über die Straße und klingele im Trauerhaus. Doch niemand ist da. Ich denke daran, wie sich der Nachbar Alfred Bötig über mein Kommen gefreut hätte oder darüber, daß wir jetzt wieder einen Film über Schlesien machen und dafür auch in Zodel drehen.

Während meine Kollegen die freundlich in der Sonne strahlende gelbe Kirche filmen, besuche ich das mit Blumen und Kränzen geschmückte frische Grab, das direkt unter dem Turm liegt. Ich denke wieder an den Spruch, der oben auf dem einen Zifferblatt der Turmuhr steht. *»Mors certa hora incerta«.* Der Tod ist gewiß, die Stunde ungewiß. Urplötzlich ist dieser Mensch aus seiner großen, glücklichen Familie herausgerissen worden. Diesen Spruch auf meiner Heimatkirche habe ich immer als Aufforderung verstanden, die Zeit zu nutzen. Für etwas Wesentliches. Was bin ich froh,

Der Chor in der Jesus-Christus-Kirche in Zodel mit seinen Fresken aus der Mitte des 14. Jahrhunderts

Linke Seite: Die Jesus-Christus-Kirche in Zodel

daß ich jetzt mit den Filmen und dem Buch wieder etwas für meine Heimat, für Schlesien tun kann.

Mein ehemaliger Schulkamerad Manfred Goldberg, der heute Organist in der Gemeinde ist, schließt uns mit dem großen schmiedeeisernen Schlüssel das Kirchenportal auf. Wir betreten den schönsten und größten Raum des Ortes. Über dem Altar im Chor leuchten die berühmten Fresken aus der Entstehungszeit der Kirche um 1350. An der höchsten Stelle thront Christus, das Buch der Bücher in der Linken, die Rechte zum Zeichen des Segens erhoben. Um ihn herum schweben die Symbole der vier Evangelisten. Unter ihm sieht man sechszackige goldene Sterne als Symbole des Himmels. Zwischen den gotischen Chorfenstern blicken die Apostel auf uns herab – meditierend, lesend, predigend. Erst nach dem Krieg waren diese Fresken entdeckt worden. Vor ihrer Restaurierung stand hier im Chor die Orgel auf einer Empore über dem Altar. Trotz der Zartheit der Einzelfarben ist der Gesamtklang der Zodeler Malereien intensiv. Darin ist sich die Kunstwissenschaft einig. Was die Zodeler Bilder zu einer großen Besonderheit in der weiten Umgebung macht, sind die Einheitlichkeit und Geschlossenheit der Gesamtausmalung. Sie beruht vor allem auf dem ausgewogenen Verhältnis von Chorraum und Malerei.

Ich freue mich, daß meine Kollegen von der Schlichtheit und Schönheit dieser Dorfkirche ebenfalls berührt sind. Während sie ihre Geräte holen, setze ich mich wie immer in die längsstehende Küsterbank. Von hier habe ich den besten Blick auf den gesamten Kirchenraum, auf die gegenüberliegende Kanzel, den Altar links, das gotische Kreuzrippengewölbe in den beiden unterschiedlich hohen Teilen der Kirche und die Orgelempore rechts. Hier in der Küsterbank hat zu meiner Kindheit der würdige Herr Maleika gesessen. Er und seine Frau waren Vertriebene aus Oberschlesien, Katholiken. Sie waren Freunde meiner Eltern und wohnten im Pfarrhaus. Ein Katholik als Küster in einer evangelischen Kirche. In Schlesien mit der sprichwörtlichen Toleranz zwischen den Konfessionen ging so etwas. In Gedanken sehe ich den alten Pastor Schall oben auf der barocken Kanzel, meinen Vater als Organist an der Orgel, meine Mutter singend im Kirchenchor.

Jetzt ist die Orgel auseinandergenommen und wird restau-

riert. Der deutsch-polnische Verein zur Erforschung und Erhaltung schlesischer Orgeln (VEESO) hat sich um die Wiederherstellung der Orgel gekümmert und dafür auch eine größere Geldsumme gespendet.

Wir fahren weiter durch den Ort zur Neiße, wo früher die Brücke zum Nachbarort Lissa war. Die Auenlandschaft des Neißetals ist still und eben. Hier ist jeder Baum, jede Baumgruppe ein Blickfang. Ich suche auf dem Deich den Weg zu einem alten Neißearm, dem sogenannten Riß, in dem wir im Sommer gebadet haben. Aber das Gestrüpp ist zu unwegsam. Ich gebe mein Vorhaben auf und kehre zu meinen Kollegen zurück. Sie filmen vor einem Teich, wie es viele hier gibt. Diese sogenannten Lachen liefern den Störchen die Frösche. Das Neißetal ist eine unauffällige, bescheidene und dennoch schöne Landschaft ohne Fliegergebrumm, wie es sie in Deutschland nur noch selten gibt. Zum Abschluß des Tages fahren wir noch zum Quitzdorfer See, eingebettet in die flache Kiefernlandschaft. Und immer wieder sehen wir Störche.

Der Quitzdorfer See bei Niesky im niederschlesischen Oberlausitzkreis

Wir wollen es riskieren. Das Wetter hat über Nacht gehalten. Wir wollen auf die Schneekoppe ins Riesengebirge. Wer weiß, wie das Wetter in den nächsten Tagen oder bei der nächsten Reise im Juni wird. Die Schneekoppe ist allzuoft hinter Wolken verborgen. Selbst bei gutem Wetter kann sie von Haufenwolken, die sich am Kamm stauen, verhüllt sein. Eine große schlesische Reise ohne Schneekoppenbesteigung darf es aber nicht geben. Das würden die schlesischen Zuschauer als unverzeihliche Lücke empfinden. Deshalb versuchen wir, dieses Ziel schon heute zu erreichen.

Am Grenzübergang der Autobahn bei Ludwigsdorf dauern die Zollformalitäten für die technische Ausrüstung nur eine halbe Stunde. Der Student der Fachhochschule Görlitz, der auf unser Auto aufpassen soll, muß ein Tagesvisum für 15 DM kaufen, weil er keinen Paß dabeihat. Über Lauban, Langenöls, Greiffenberg fahren wir nach Hirschberg. Dort durchqueren wir die Stadt in Richtung Krummhübel, dem heutigen Karpacz. Der Blick auf den Kamm bleibt frei. Zwar gibt es einige Wolken, aber die befinden sich zum Glück in großer Höhe. Für unser Auto und den Aufpasser finden wir einen Platz, der auch tagsüber im Schatten bleibt, und zahlen dem Parkwächter, von dem wir erfahren, daß der Lift in Betrieb ist, die feststehende Gebühr. Eine Bewachung ist damit nicht eingeschlossen. Es ist gut, daß wir den Studenten engagiert haben.

Mit dem Lift nach oben. Wie damals im Februar, nur wärmer. Dennoch sind wir froh, daß wir uns zusätzliche Pullover angezogen haben. Nach etwa halbstündiger Fahrt sind wir auf der Kleinen Koppe. Wir gehen an die Stelle, wo wir zuerst im Winter gedreht haben, und finden durch Größenvergleiche heraus, daß damals fast drei Meter Schnee hier oben lagen. Wir filmen die Schneekoppe heute bewußt vom gleichen Ort. Ich will in die »Schlesische Reise« als erregendes Kontrastprogramm ein Stück vom Winterdreh mit einbeziehen. Auch eine Szene von unserem Dreh mit der Komparserie im Schneesturm. Ich werde eine Bildsequenz auswählen, wo man die Gesichter der Frauen und Kinder in der eisigen Kälte deutlich sieht. Dies hätte auch eine Werbefunktion für unsere Serie »Die große Flucht«, die ja erst Monate später ausgestrahlt wird.

Von der Kleinen Koppe mit ihren 1300 Metern geht der Weg zunächst etwas steil und dann wieder gemächlich zum Schlesierhaus. Links und rechts wächst nur noch Knieholz, weil die Waldzone hier im rauhen Riesengebirge bereits bei etwa 1200 Meter endet. Das große Schlesierhaus, in das wir kurz hineinschauen, liegt am Rande des sogenannten Koppenplans, einem weitgestreckten und nur leicht hügeligen großen Plateau. Wenige Meter vom Schlesierhaus entfernt beginnt bereits die tschechische Grenze. Von hier kann man weit in den böhmischen Teil des Riesengebirges schauen, der anders als der schlesische gegliedert ist. Über den tiefen und bewaldeten Riesengrund sind Häuser mit Wiesen eingesprenkelt. Eine Anordnung, die an die Alpen erinnert. Rechts rauscht der Wasserfall der Aupa, über dem größere und kleinere Schneereste daran erinnern, daß der Winter erst seit einigen Wochen vorbei ist.

Wir überlegen, welche Route wir zur Schneekoppe wählen. Es gibt einen steilen Zickzackweg und den bequemeren, aber längeren Jubiläumsweg. Wegen der besseren Aussicht und des Sonnenstandes entscheiden wir uns für den Zickzackweg. Den anderen werden wir zum Abstieg nehmen. Mit der schweren Ausrüstung und wegen der doch schon

Blick vom Schlesierhaus über den Riesengrund in den böhmischen Teil des Riesengebirges

dünner werdenden Luft ist der Aufstieg beschwerlich. Doch
die herrlichen weiten Ausblicke bei dem sommerlichen Wetter, die wir genießen und drehen, entschädigen uns für die
Mühe. Der Zickzackweg mit seinen Geröllsteinen ist durch
Steineinfassungen und eine Kette gesichert. Notwendige
Hilfen zum Überleben, wenn es einen Wettersturz gibt und
die Sicht verlorengeht.

Nach etwa einer Stunde sind wir auf dem 1602 Meter hohen
Gipfel. Wir haben unser Ziel bei gutem Wetter und bester
Sicht erreicht. Auf dem steinigen Plateau steht die runde
Laurentiuskapelle, die 1681 vom Abt des Zisterzienserklo-
sters Grüssau geweiht wurde, und seit 1976 die neue futuri-
stisch anmutende Schneekoppenbaude mit der meteorologi-
schen Station.

Was macht den besonderen Reiz des Riesengebirges aus?
Ich bin mir ganz sicher, es ist die geschwungene Weite
seines baumlosen Kamms und seine gewaltigen Dimensio-
nen, die auf seltsame Weise doch noch überschaubar wirken. Man fühlt sich frei hier oben, aber nicht schwindelig
dem Boden enthoben. Wenn man die Alpen mit der Gotik
vergleichen will, dann ist das Riesengebirge beste Roma-
nik. Weite schwingende Bögen statt spitzer Winkel. Ich

*Die Lauren-
tiuskapelle auf
dem Gipfel der
Schneekoppe
aus dem Jahre
1681*

*Rechts:
Blick von der
Schneekoppe
auf den Riesen-
gebirgskamm
mit den Mit-
tagssteinen.
Unten rechts
der Große Teich*

*Seite 104/105:
Auf dem Gipfel
der Schnee-
koppe. Das
Fernsehteam
filmt den Blick
ins Hirsch-
berger Tal*

möchte einmal Zeit und Gelegenheit haben, bei ähnlich
schönem Wetter wie heute auf
dem rund 30 Kilometer langen Kammweg entlangzuwan-
dern.

Wieder fallen mir Text und
Melodie des Riesengebirgslie-
des ein. »Blaue Berge, grüne
Täler …« Ein Lied, das meine
Eltern so oft zu Hause gespielt
und gesungen haben.

Nach einem ausgiebigen Dreh
vom höchsten Gipfel Schlesiens überlegen wir, ob wir nach
dem Abstieg von der Schneekoppe noch den kleinen Teich
filmen sollen, von dem ich
schon viele schöne Bilder gesehen habe. Aber nach genau-
em Studium der Karte ver-
werfen wir diese Gedanken,
weil die Zeit nicht ausreicht.
Wir wollen diesmal nicht wieder den letzten Lift nach
unten versäumen, wie damals

im Februar, und mit der schweren Ausrüstung zur Talstation laufen.

Eine der bedeutendsten Sehenswürdigkeiten von Görlitz drehen wir am nächsten Morgen – das »Heilige Grab«, eine Nachbildung der Jerusalemer Passionsstätten Christi aus der Zeit um 1500. Der reiche Bürgermeister der Stadt, Georg Emmerich, hatte sie nach seiner Pilgerreise in das Heilige Land gestiftet. Die Anlage besteht aus mehreren Bauten. Den ersten Komplex bildet die gotische Kreuzkapelle mit der unteren Adams- und der darüberliegenden Golgathakapelle. Wenige Schritte weiter folgt die kleine Salbungskapelle, in der Maria ihren toten Sohn beweint – eine Sandsteinplastik des berühmten Görlitzer Bildhauers Hans Olmützer. Den Abschluß bildet die eigentliche Heilige-Grab-Kapelle, eine nur wenig verkleinerte Kopie des Jerusalemer Originals aus der Zeit des Hohen Mittelalters, deren Genauigkeit bei keiner anderen Nachbildung in Deutschland erreicht wurde. Die Anlage dieser Bauten mit dem angrenzenden Ölberg ist der erste allegorische Landschaftsgarten der deutschen Kulturgeschichte. Er war früher so berühmt, daß sich der polnische König August der Starke in der Nähe von Warschau eine Kopie errichten ließ. Der Kreuzweg von knapp tausend Schritten ist etwa genauso lang wie in Jerusalem. Vom Westportal der Peterskirche bis hin zum Ölberg verbindet er zahlreiche Zwischenstationen.
In den letzten Jahren besinnt man sich zunehmend darauf, welch einen ungehobenen Schatz das »Heilige Grab« für Görlitz darstellt. Die Evangelische Kulturstiftung will das Heilige Grab mit einigen ergänzenden logistischen Bauten zu einer bekannten Pilgerstätte machen. Zugleich soll es auch in seiner Verbindung zur Landschaft, zum Kidronsbach und zum Ölberg erlebbar werden.

Am Mittag sind wir noch einmal auf dem Kirchplatz in Zodel. Der Gerberazüchter Peter Ambrosius aus Marbach bei Stuttgart ist über Nacht mit Hunderten Gerberablüten und -pflanzen angereist. Seinem Forscherdrang ist es zu verdanken, daß der Geburtsort des Namensgebers der bekannten und beliebten Pflanze entdeckt wurde. Am 10. Januar 1710 wurde Traugott Gerber, Sohn eines Hilfspastors, hier in der Kirche von Zodel getauft. Seit dieser Entdeckung werden die Beziehungen zwischen dem leidenschaftlichen Gerberazüchter Ambrosius und der Gemeinde Zodel immer enger. Jetzt soll mit den Blumen die Kirche für den morgigen Gottesdienst geschmückt werden. Nach dem Benefizkonzert am Sonntag nachmittag für die Wiederherstellung der Orgel sollen die Besucher Gerberablüten als Dank für eine Spende geschenkt bekommen. Die mitgebrachten Pflanzen werden auf Zodler Gärten verteilt. Daß jemand aus dem Westen kommt, der uneigennützig aus reinem Idealismus etwas verschenkt, das empfinden die Menschen hier schon als etwas Besonderes, und die Zodler sind nach schlechten Erfahrungen mit manchen Leuten, die nach der Wende hierher in den Osten kamen, auch dankbar dafür.

In der Kirche sind bereits die Tafeln mit der Geschichte der Gerbera und der Biographie von Traugott Gerber aufgestellt, die für die letzte Bundesgartenschau in Magdeburg angefertigt wurden. 1735 ging Gerber nach Moskau und wurde dort Organisator und Direktor der medizinischen Abteilung der Universität. Über seine botanischen Exkursionen durch Rußland gibt es Niederschriften. Durch Mithilfe meines Moskauer Bekannten Nikolai Portugalow, dem früheren sowjetischen Diplomaten, wurden sie im Archiv in Sankt Petersburg aufgespürt und kopiert. Das letzte Lebenszeichen von Gerber ist ein Brief vom 1. Februar 1743 an den Schweizer Botaniker Albrecht von Haller aus der Stadt Wyborg in der Nähe von Petersburg, wo sich Gerber als Arzt niedergelassen hat.

Nachdem die Kirche fertiggeschmückt ist, führe ich vor der Kamera ein Gespräch mit Peter Ambrosius, dem Pfarrer Ludwig Mantei und dem Kirchenvorstandsmitglied Manfred Goldberg. Die Frage einer japanischen Reisegesellschaft nach der Herkunft des Namensgebers der Gerbera habe die Suche bei ihm angestoßen, erzählt der herbeigereiste Züchter, der Zodels berühmtesten Sohn ausfindig gemacht hat. Pfarrer Mantei zeigt im Kirchenbuch von 1630 bis 1726, in dem alle Taufen, Hochzeiten und Beerdigungen eingetragen sind, die Traugott Gerber betreffende Stelle.

»Gibt es eines Tages in Zodel ein Gerber-Museum oder wenigstens eine Gerber-Stube?« frage ich den Pfarrer mit lokalpatriotischer Neugier.

»Durch Herrn Ambrosius werden wir laufend angestoßen, irgend etwas einzurichten. Wir schieben noch die Bälle zwischen Kirche und Kommune hin und her und müssen sehen, welcher Bereich zuständig wird. Wenn wir die Kirche weiter sanieren werden, haben wir die Möglichkeit dazu. Auch der Bürgermeister will Räume zur Verfügung stellen. Es muß etwas passieren. Wir sind nur noch nicht ganz schlüssig, wie es sein wird, wie es umgesetzt wird.«

Mit gefällt die Gerbera-Geschichte sehr. Schon immer wollte ich, daß mein Geburtsort, der bisher nur durch die Fresken in der Kirche von überregionaler Bedeutung ist, in der Öffentlichkeit bekannter wird.

Nach einem Gewitter mit kräftigen Schauern fahre ich mit dem Team nach Sohland am Rotstein. Dort wohnt der Herausgeber der Monatszeitschrift *Schlesien heute*. Alfred Theisen, in der Eifel geboren und aufgewachsen, hegt schon seit Jahren eine Liebe zu Schlesien. Seit Oktober 1998 erscheint in Görlitz seine Zeitschrift mit moderner farbiger Aufmachung und interessanten Artikeln. Vor einigen Monaten ist er mit seiner Ehefrau und fünf Kindern aus Franken hierher in die Umgebung von Görlitz gezogen. Inzwischen hat die Familie schon das sechste Kind.

Im weitläufigen Hof einer früheren LPG, deren Gebäude ein Privatmann aus dem Westen gekauft und renoviert hat, treffen wir die Eltern und ein befreundetes Ehepaar, das aus Franken zu Besuch angereist ist, beim Spiel mit den vielen Kindern an. Nach dem Dreh dieser Szenen bekommen wir ein Interview mit den Theisens.

»Wie geht man von Franken hierher nach Schlesien und dann noch mit solch einer großen Familie?«

»Ich habe mich sehr mit dieser Gegend hier beschäftigt und kenne sie heute besser als meine eigene Heimat, die Eifel, das Rheinland. Ich sehe hier einen Umbruch und ein Wachsen. Es ist eine hochinteressante Aufgabe und eine publizistische Herausforderung, hinzugehen und dies zu beobachten. Soweit es möglich ist, auch zu fördern, um dieses Land, das ja eine der führenden europäischen und deutschen Kulturlandschaften war, allmählich wiederaufzubauen und zu alter Blüte zu führen.«

»Breslau wird tausend Jahre alt. Wie berührt Sie das?«

»Ein ganz besonderes Datum. Eine reiche Geschichte, die wir auch in unserer Zeitschrift aufarbeiten.« Er verweist auf mehrere Artikel, die ich kenne.

»In Breslau gibt es eine sehr erfreuliche Öffnung auch zur deutschen Geschichte. Ich denke an die wunderbare Heilige Messe, die Ende April im Breslauer Dom stattgefunden hat. Eine deutsche Messe, wo die schlesischen Katholiken der 1000-Jahr-Gründung des Bistums Breslau gedacht haben und wo man sich auch von polnischer Seite deutlich zu dieser deutschen Geschichte bekannt hat. Ich habe gerade für die Juni-Ausgabe unserer Zeitschrift ein Interview mit dem Marschall der Wojewodschaft Niederschlesien, Jan Waszkiewicz, gemacht, wo der ausdrücklich betont, vor den deutschen Vertriebenen in Schlesien müsse man sich nicht fürchten, sondern sie seien ihnen als Partner im heutigen Europa willkommen. Das alles schwingt mit bei dieser Feier. Es ist eine Chance für einen gemeinsamen Weg in die Zukunft, für ein Miteinander im heutigen Schlesien.«

»Wie lebt man hier im deutschen Restzipfel von Schlesien?« frage ich seine Ehefrau mit dem jüngsten Kind auf dem Schoß.

»Es gibt ein paar ganz positive Sachen. Unsere Grundschule hier ist wesentlich besser als die im Westen. Die Lehrer sind phantastisch, das hätte ich nicht für möglich gehalten.«

Dann aber beklagt sie, daß mit der Wende keine Wertewende gekommen sei, daß der christliche Glaube hier so wenig verbreitet sei, daß es so viele Scheidungen gäbe, daß viele Kinder deshalb psychisch gestört seien.

»Aber der Menschenschlag hier in Schlesien ist sehr angenehm. Wir mögen auch die Sprache sehr gern.«

Ich frage Herrn Theisen nach dem Erfolg seiner Zeitschrift.

»Ich bin sehr ermutigt durch die Zeit. Es sind ja nun schon fast zwanzig Monate her, seit wir die Zeitschrift ins Leben gerufen haben. Ich sehe einen gewaltigen Auftrieb bei der Sache, nicht nur, was die wachsende Zahl der Abonnenten angeht, sondern in Schlesien überhaupt. Man kommt so langsam wieder in eine ähnliche Situation wie in der Zeit der früheren Ostsiedlung, wo man merkt, daß das Land in der Mitte Europas allmählich zu seiner alten Bedeutung zurückfindet.«

Noch eine Frage zum Verhältnis von Deutschen und Polen. »Man braucht ja für seine Arbeit Vorbilder. Für mich ist ein sehr bewegendes Vorbild die Heilige Hedwig, die Schutzpatronin Schlesiens. Das, was sie für das Miteinander der Menschen, der Deutschen und Polen, getan hat. Und wenn ich heute mit jungen Polen zusammenarbeite, dann geschieht das unter dem Vorbild der Heiligen Hedwig. Wir sollten uns dieses Vorbild vor Augen halten, um bei Konfliktstoff, den es noch aus der Vergangenheit gibt, und bei offenen Fragen die gemeinsamen Interessen zu suchen und das gemeinsame Ziel zu sehen. Gerade unter der Perspektive, daß ich immer mehr Freunde und Mitarbeiter auch auf der polnischen Seite habe, macht die Arbeit soviel Freude.«

Am nächsten Tag, einem Sonntag, gehen wir mit dem Team und den Geräten zu Fuß über die Neißebrücke nach Zgorzelec. Wir ersparen uns auf diesem Wege die langwierigen Zollformalitäten. Für die Aufnahmen im polnischen Teil der Stadt sind die Wege nicht so weit. Vom Kulturhaus, der früheren deutschen Ruhmeshalle, schallen Wortfetzen einer Mikrofonprobe. Wie wir erfahren haben, ist heute dort eine griechische Kulturwoche. Wenn rund um das Haus, das eine verkleinerte Ausgabe des Berliner Reichstagsgebäudes ist, Stände aufgebaut sind, dann können wir da nicht sinnvoll drehen. Ich werde für unseren Film auf die Aufnahmen von 1995 zurückgreifen.

Wir laufen zur Sankt-Bonifatius-Kirche, die 1930 für die Katholiken im Ostteil der Stadt vom Breslauer Kardinal Bertram eingeweiht wurde. Hier war der Pfarrer Franz Scholz als Seelsorger tätig, dessen »Görlitzer Tagebuch« von den Leiden der Menschen bei Kriegsende berichtet. Er hat unter anderem auch die Vertreibung der Deutschen aus Ost-Görlitz beschrieben. Unter dem Datum des 21. Juni 1945 heißt es dort:

Kein Deutscher darf sich mehr allein auf der Straße bewegen, es sei denn, er hätte einen Ausweis zum Bleiben. Alle anderen werden unnachsichtig zum Haufen der zur Austreibung Versammelten gebracht, auch für Mütter mit Kleinkindern gibt es kein Pardon. Ein Bild schrecklichen Elends und Jammers. Niemand hört es in der weiten Welt, niemand ist Zeuge, niemand kann helfen. Es gibt keine Presse, keinen Pressefotografen, keine Macht der Welt, die helfen könnte … Unaufhaltsam bewegt sich jetzt der Zug des Elends. Tausende werden in das verhungerte, überfüllte Görlitz-West hineingepreßt.

In unserem Schlesien Film »Die große Flucht« werden wir auf das so berührende Zeitzeugnis »Görlitzer Tagebuch« entsprechend eingehen, dessen Autor, ein Onkel meines Ko-autors Stefan Brauburger, 1999 gestorben ist. Durch meine Anregung haben wir ihn noch wenige Wochen vor seinem Tod zum Thema interviewt.

Auch am letzten Drehtag machen wir noch Aufnahmen von Görlitz. In der Barbarakapelle der Dreifaltigkeitskirche am Obermarkt befindet sich ein Kunstwerk, das ich den Zuschauern und Lesern der »Schlesischen Reise« unbedingt zeigen möchte. Es ist ein »Christus in der Rast«, eine Holzplastik aus der Zeit um 1500. Die Dornenkrone auf dem Haupt, dieses auf die rechte Hand gestützt, spricht aus seinem Gesicht eine tiefe Traurigkeit. »Hat das alles einen Sinn? Bin ich wirklich Gottes Sohn?« scheint er sich zu fragen. Er wirkt wie ein einfacher, müder Mann, der innehält, Fragen stellt, zweifelt. Ich habe das Motiv »Christus in der Rast« schon oft gesehen, in anderen Kirchen oder auf Abbildungen. Aber noch kein Christus hat mich so elementar angesprochen wie dieser. Was sind die Gründe dafür? Weil er so lebensecht und gut gearbeitet ist? Kein Zug einer Idealisierung und Überhöhung besitzt? Einen Menschen darstellt, der uns nahe kommt?
Ein großer Künstler hat diesen Christus geschaffen, seine naturgerechte Gestaltungsweise einem Michelangelo, einem Leonardo da Vinci, einem Dürer nahe. Die glaubhafte Sitzhaltung. Die genaue Beobachtung. Ein linker Arm, der

Christus in der Rast. Eine Holzplastik von 1500 in der Barbarakapelle der Görlitzer Dreifaltigkeitskirche

weniger kräftig ist als der rechte und auf dem Oberschenkel ruht. Die herausgearbeiteten Adern und gekrümmten Finger. Welch traurige, fast glasige Augen, der leicht geöffnete Mund – das alles nur in Holz mit ein wenig Farbe.

Immer wenn ich in meiner Heimatstadt bin, besuche ich diesen Christus wie einen altvertrauten Freund. Durch seinen fragenden, zweifelnden Blick fühle ich mich unmittelbar angesprochen. Schon 1995 habe ich mich gefragt, ob ich mein Vorhaben, mit einem Film über Polen und Deutsche in Schlesien zur Verständigung zwischen den beiden Völkern beizutragen, nicht in seiner Bedeutung überschätze. Doch der Erfolg sprach für sich. Auch jetzt will ich mit Film und Buch Anstöße geben. Zum Mutfassen. Zum Bekennen und Helfen. Das schöne Schlesien, das vielen so unbekannt ist, hat es verdient.

Von Görlitz nach Breslau und zurück

Große Drehreise im Juni und Juli 2000

N ach Abstimmung im Hause teile ich Ihnen mit, daß Ihnen die Aufnahme der Filmszene am Tunnel-Westportal BAB A4 Königshainer Berge gestattet wird.«
Das war die Kernaussage im Fax des Autobahnamtes Sachsen, das in der Redaktion Zeitgeschichte als Antwort auf mein Schreiben ankam.
Heute morgen – es ist der 14. Juni – habe ich dem zuständigen Autobahnmeister in Weißenberg mitgeteilt, daß wir am Nachmittag an der betreffenden Stelle drehen wollen. Nun steht der Aufnahme nichts mehr im Weg, die wir beim ersten Versuch auf unserer Maireise abbrechen mußten, weil wir damals keine Erlaubnis hatten. Wieder muß ich an den Spruch denken, daß im Schlechten oft etwas Gutes liegt. Durch die heutige Wiederholung haben wir für meinen Aufsager nun das allerbeste Wetter. Gerade für den Anfang des Films sind heitere Szenen so wichtig. Deshalb drehen wir nach dem Tunnel noch einmal die schöne Landschaft vor Görlitz mit der Landeskrone, bevor wir in der Stadt Straßenzüge aus dem fahrenden Auto heraus filmen. Solche Aufnahmen machen dem Zuschauer am schnellsten deutlich, wie weit die Renovierung der Häuser schon vorangeschritten ist. Die unterschiedlichen, hellen Farben der Vorderfronten gleißen im Sonnenlicht.

Gestern sah das alles noch ganz anders aus. Bei garstigem Wetter sind wir zu Aufnahmen für »Die große Flucht« ins polnische Schlesien nach Lauban gefahren. Als Aufpasser auf unsere Autos hat uns das Hotel Tuchmacher, in dem wir auch zu Beginn unserer großen Reise wohnen, einen Angestellten ausgeliehen. Als Dolmetscherin haben wir die kenntnisreiche Polin Hanna Majewska engagiert, eine pensionierte Lehrerin, die uns schon beim Film 1995 geholfen hat. Zu Fuß ist sie aus Zgorzelec zum Treff ins Hotel gekommen. Die Zollformalitäten beim Autobahngrenzübergang Ludwigsdorf dauern, wie beim letzten Mal, nur eine knappe halbe Stunde.

> Lauban in Schlesien, das in Friedenszeiten »die Taschentuchstadt Deutschlands« genannt wurde, geriet im Frühjahr 1945 in den Strudel des untergehenden Dritten Reiches. Mitte Februar, als im Westen bereits an Mosel und Saar gekämpft wurde, gelang es der Roten Armee bei ihrem Eindringen in Schlesien, in Lauban die von Görlitz über Hirschberg nach Waldenburg führende wichtige Bahnlinie der »Schlesischen Gebirgsbahn« zu unterbrechen. Um Lauban entbrannte eine mehr als drei Wochen andauernde Schlacht, die mit einem letzten operativen Erfolg der Deutschen Wehrmacht endete: Die Bahn blieb bis zum Kriegsende geöffnet.

Mit diesen Sätzen beginnt das Buch »Lauban in Schlesien, Schicksalsjahr '45«, in dem sein Autor Klaus Christian Kasper nicht nur das Kampfgeschehen , sondern auch den Untergang dieser zu mehr als 60 Prozent zerstörten Stadt beschreibt. Leider ist das reich bebilderte Buch bereits vergriffen.

Wir halten am Laubaner Ring. Das schöne Renaissance-Rathaus von 1539 ist wieder aufgebaut worden. Aber die vielen Kriegswunden der Stadt sind noch nicht verheilt. Offene Lücken klaffen in den Straßenzügen. Frau Majewska fragt im Rathaus, ob wir auf dessen Turm drehen dürfen. Sie kommt mit einer abschlägigen Antwort zurück. Die Treppe sei baufällig; dort könne niemand hoch. Auch die anderen Türme der Stadt seien nicht zugänglich.

Wir fahren zum Steinberg am Rande der Stadt, um von dort Aufnahmen von Lauban zu machen. Aber der Berg ist mit Bäumen und Büschen zugewachsen. Frau Majewska fragt den Hausmeister der Schule, die dort oben liegt, ob von ihrem höchsten Stockwerk ein Blick zur Stadt möglich sei. Wir dürfen zum Drehen auf das flache Dach. Aber nur ein Teil von Lauban ist zu sehen. Dafür aber ein Großteil des

Schlachtfeldes in der Ebene, auf dem im März 1945 die Kämpfe tobten.

Weiter geht es zur Burg Tschocha, auf der im Frühjahr 1945 Generalfeldmarschall Ferdinand Schörner sein letztes Hauptquartier hatte. Wir haben Glück. Gerade beginnen die Aufbauten für ein Fest am Wochenende. Wenige Stunden später hätten Buden und Zelte die besten Aufnahmen von außen verhindert. Wir besichtigen die Räume der mittelalterlichen Burg, die vor dem Ersten Weltkrieg von seinem reichen Besitzer vollständig erneuert wurde. Hinter den Räumen, in denen Schörner vor Kriegsende wohnte, amüsieren wir uns über eine Garderobe mit Spiegeln, in denen man sich rundherum betrachten kann, und ein Bad mit besonderen Armaturen.

Von der Talsperre am Fuß der Burg werfen wir noch einen Blick zurück und fahren nach Goldentraum. Diese Landgemeinde im Isergebirge hat im 18. Jahrhundert als Bergbaustadt schon bessere Tage gesehen und 1815 ihre Stadtrechte wieder verloren. Hier war ein Zeitzeuge, den wir im ZDF schon interviewt haben, am Ende des Zweiten Weltkriegs an der Front. Die Spuren der Kämpfe sind sogar auf dem Marktplatz noch zu sehen. Einige Häuser sind Ruinen, der große Platz ist gespenstisch leer. Nur ein paar Männer sitzen vor dem einzigen Geschäft müßig herum. Weil wir die Ruinen filmen, lassen wir ihnen von Frau Majewska erklären, was wir für einen Film machen – daß uns weniger die heutige Lage des Ortes interessiert, sondern die Zeit von 1945.

Sie übersetzt einige Sätze des Bürgermeisters. Hier in Goldentraum seien mehr als 60 Prozent der Leute arbeitslos. Im Isergebirge sei es ganz schlimm. Nur Bad Flinsberg bilde eine Ausnahme. Nach den Aufnahmen im deprimierenden Goldentraum fahren wir bei strömendem Regen neugierig in diese Kurstadt. Hier sind die Häuser und die Anlagen, wie es sich für ein Bad gehört, gepflegt, aber die Palmen im Kurhaus sehen so schwindsüchtig aus, daß wir umgehend wieder zurück Richtung Görlitz fahren.

Kurz vor Zgorzelec machen wir noch einen Abstecher nach Hermsdorf. Hier im Pfarrhaus des Dorfes hat vom Sommer 1945 bis Winter 1946 die Mutter von Stefan Brauburger mit ihren Angehörigen in der Obhut ihres Onkels, des Pfarrers

Franz Scholz, gewohnt. Das interessante Interview mit ihr hatte ich schon im Frühjahr im ZDF geführt. Seine Abschrift habe ich auf unserer Fahrt mitgenommen. Die alte Kirche noch aus romanischer Zeit ist aufgeschlossen, so daß wir die Kirche, von der Ursula Brauburger erzählt hat, in Ruhe filmen können. Beim Dreh des benachbarten Pfarrhauses kommt eine Polin aus dem Haus, die jetzt dort wohnt. Sie kann sich noch gut an Pfarrer Scholz von der Bonifatiuskirche in Görlitz-Ost erinnern, wenn er hier seine Großfamilie in Hermsdorf besucht hat.

Heute, wo sich das Wetter wieder gebessert hat, drehen wir in Görlitz den Nikolaifriedhof und die Nikolaikirche für beide Filme. Wegen der Vielzahl der kunstvollen barocken Grabsteine und Gruftkapellen und wegen seiner schönen Lage am Berghang mit dem alten Baumbestand nannte ihn die Dichterin Ricarda Huch einen der schönsten Friedhöfe in Deutschland. Viele berühmte oder auch nur reiche Görlitzer sind hier begraben, darunter auch der bedeutendste Sohn der Stadt, Jakob Böhme, der unter einer mächtigen Granitplatte seine letzte Ruhestätte hat. Auf ihr ist das »Wunderauge der Ewigkeit«, das Symbol seiner Lehre, in einen Kreis eingemeißelt worden.

Der gelernte Schuster, der 1624 in Görlitz starb, trägt zu Recht den Titel *Philosophus teutonicus*, weil er im Gegensatz zu seinen Vorgängern nicht mehr in lateinischer Sprache, sondern in Deutsch geschrieben hat. Als Autodidakt hat er seine mystischen und theosophischen Visionen und Erkenntnisse in seinem Hauptwerk »Aurora oder die Morgenröte im Aufgang« niedergeschrieben. Seine Hauptlehre besagt, daß in der Natur immer zugleich das Gute und Böse vorhanden sei. Das gelte auch für den Menschen und sogar für Gott selbst. Mit dieser Auffassung hatte er sich die Kirche zum Feind gemacht.

Die Wirkung seines Werks auf nachfolgende Philosophen und auch auf Dichter war groß. »Man kann nicht umhin, von Jakob Böhme zu sagen, er sei eine Wundererscheinung in der Geschichte der Menschheit, und besonders in der Geschichte des deutschen Geistes«, urteilt Friedrich Schelling, »wie die Mythologie, so ist Jakob Böhme mit der Geburt Gottes, wie er sie uns beschreibt, allen wissenschaftlichen

Systemen der neueren Philosophie vorausgegangen.« Ich habe vor kurzem Böhmes Schrift »Von der neuen Wiedergeburt« gelesen. Seine bekennende Frömmigkeit hat mich sehr beeindruckt. Sie bewirkt eine Erweiterung des eigenen religiösen Bewußtseins. In der heutigen Zeit, wo das Verlangen nach geistiger Orientierung wächst, können Böhmes Werke eine Hilfe sein.

Wir gehen in die Nikolaikirche, um die Dauerausstellung über Jakob Böhme, »Wem die Tür zum Himmel geöffnet wurde«, zu besichtigen. Der Anlaß ist ein doppelter. Im letzten Jahr war Böhmes 375. Todestag, und in diesem Jahr wird seines 425. Geburtstages gedacht. Die dreischiffige Nikolaikirche, der letzte spätgotische Bau der Stadt auf dem Platz der ältesten Görlitzer Kirche, bietet der Ausstellung über den Gottsucher einen passenden Rahmen. Wie auf seinem Grab ist auch hier das philosophische Kreissymbol dargestellt. Seine Größe und die Beleuchtung lassen es besonders auffallen.

Der Kreis steht als Sinnbild für den alles umfassenden Makrokosmos. In seinem Mittelpunkt steht das menschliche Herz, der Ort, in dem ständig das Gute und das Böse miteinander ringen. Der rechte Halbkreis symbolisiert das

Die dreischiffige gotische Nikolaikirche in Görlitz mit ihrer ständigen Ausstellung über Jakob Böhme, den bedeutendsten Sohn der Stadt

Gute. Der linke Halbkreis steht als Symbol für das Böse. Ein senkrechter Strich verdeutlicht die Auseinandersetzung zwischen Gott und dem Teufel; der waagerechte steht als Hinweis auf das Kreuz Christi, mit dem der Sieg über Hölle und Tod entschieden wurde.

Die Nikolaikirche ist auch für unseren Flucht-Film ein Ort der Erinnerung. Hier wurden während der Sommermonate 1945 die Särge mit den Opfern von Typhus und Hunger gestapelt, weil die Kapazität der Friedhofshalle und des Krematoriums für die vielen Toten nicht ausreichte. Wir hatten im Mai eine Mutter interviewt, die ergreifend erzählte, wie ihr Säugling damals verhungert war und sein Leichnam hierher in die Kirche kam. Ein anderer Görlitzer Zeitzeuge war als Ministrant bei der Einsegnung der Toten in der Nikolaikirche dabei. Erschütternd liest sich auch der schriftliche Bericht »Tragödie an der Neiße« von Richard Süssmuth vom August 1945.

> Die Einwohner von Görlitz sehen aus wie wandelnde Leichen: wachsbleich, eingefallen und abgemagert zu Skeletten. ... Alle örtlichen Hilfsquellen sind erschöpft. ... Ich ging durch die Flüchtlingslager; große Säle, die früher den Festen und der Feier dienten und jetzt zu den Stätten des Elends und des Todes geworden sind. ... Die Flüchtlinge dürfen nur einen Tag bleiben, dann müssen sie weiterziehen. Irgendwelche Verpflegung kann ihnen nicht gegeben werden. Täglich kommen Rollwagen und holen die Leichen der Verhungerten ab. In der Nikolaikirche sah ich 114 Särge, die Toten von zwei Tagen.

Wir drehen im Reichenbacher Turm, wo wir einige Fotos der Ausstellung über die Geschichte der Görlitzer Brücken auswählen. Sie zeigen ihren gesprengten oder behelfsmäßigen Zustand in der geteilten Stadt von 1945. Vom höchsten Standort, der ehemaligen Türmerstube aus, filmt das Team Ausblicke. Auch das Isergebirge ist heute deutlich zu sehen. Beim neueröffneten griechischen Lokal auf dem Obermarkt verbringen wir unsere Mittagspause. Das Wetter erlaubt das Sitzen im Freien. Ich genieße den Blick auf den größten Platz der Altstadt, der mit jedem Monat freundlicher aus-

sieht. Zur Zeit wird ein alter, mir sehr vertrauter Brunnen wiedererrichtet, den man um einige Meter in die Sichtachse der neuen Fußgängerzone in der Brüderstraße verrückt hat. Als wir zahlen, kommt ein früherer Kollege vom ZDF vorbei. Es ist Fritz Hufen, der bis zu seiner Pensionierung Pressechef in unserem Hause war.

Ich erzähle ihm von unseren beiden Filmen und von unserem nächsten Dreh im Rathaus, vom Görlitzer Aufruf.

»Den habe ich gerade unterschrieben!« erwidert er, »er liegt in der Görlitzinformation aus.«

Er erzählt, warum er in Görlitz ist. Seine Lebensgefährtin, eine Wirtschaftsjournalistin, schreibt eine Artikelserie über »Zehn Jahre Währungsreform« und interviewt hier Geschäftsleute. Wie bekommt man Görlitz wieder lebendig? Wie lockt man Firmen, Arbeitsplätze und Menschen in diese schöne Stadt? Das sind die wichtigen Fragen, die wir miteinander bereden.

»Görlitz muß noch viel bekannter werden«, bekräftigt der ehemalige Pressechef, »erzählen Sie einem Durchschnittsdeutschen etwas von Görlitz. Niemand hat eine Ahnung, wie schön die Stadt und ihre Umgebung sind.«

»Und was aus dieser Stadt kommt. Die Doppelstockwaggons, die überall in Deutschland fahren, werden, wie Sie ja

Der Kaisertrutz von 1490 in Görlitz. Dahinter der Reichenbacher Turm aus dem 14. Jahrhundert. Mit ihnen beginnt die Altstadt im Westen

sicher wissen, hier gebaut. Und dann die modernsten Züge, der ICE mit Neigetechnik. Das ist ein Aushängeschild für Görlitz, was aber außerhalb der Stadt so gut wie niemand weiß. Deshalb wollten wir auch bei Bombardier drehen, wo die Züge hergestellt werden. Ich habe mit der Firma verhandelt – sie haben uns eigene, sehr gute Aufnahmen angeboten. Die werde ich verwenden.«

Wir sind im Rathaus und filmen den Görlitzer Aufruf auf einer großen Tafel, den der Aktionskreis für Görlitz ins Leben gerufen hat:

> Die Stadt Görlitz braucht: mehr Einwohner, mehr Arbeitsplätze, mehr Touristen!
> Wir rufen unsere Landsleute in ganz Deutschland auf, unsere Stadt zu besuchen. Kommen Sie nach Görlitz! Schauen Sie selbst, ob die Bezeichnung »schönste Stadt Deutschlands« berechtigt ist!
> Lassen Sie sich vom Flair dieses einmaligen »städtebaulichen Gesamtkunstwerks« einfangen und bezaubern!
> Werden Sie ein Liebhaber unserer Stadt, wie es schon viele wurden, oder werden Sie selbst Bürger von Görlitz!
> Görlitz, die gastfreundliche, lebens- und liebenswerte Stadt, erwartet Sie !

Darunter die »Görlitzer Buchstabierung«, die ich zur Kennzeichnung meiner Heimatstadt erfunden habe:

G wie Gastfreundschaft
Ö wie östlichste Stadt Deutschlands
R wie Rundgang durch die Geschichte
L wie liebenswert
I wie ideal für Kurzaufenthalte
T wie Tor nach Osten
Z wie Ziel zum Bleiben.

Ich freue mich darüber, daß die Stadt damit auch als Banner im Internet wirbt und beim Buchstaben T auch die ursprüngliche Zeile »T wie Tor nach Schlesien« beibehalten hat. Beim Aktionskreis hat man für die Änderung in »Tor nach Osten« plädiert, weil Görlitz selbst schon ein Teil Schlesiens ist. Das stimmt freilich, doch als erste größere Stadt der Region bleibt es immer auch das »Tor nach Schlesien«, denn Schlesien beginnt geographisch und politisch hier. Wenn Polen Teil der EU ist und die Stadt als Brücke zwischen den Ländern Deutschland und Polen, Sachsen und Niederschlesien mit der Hauptstadt Breslau noch wichtiger wird, kann die Lage von Görlitz seine große Chance werden. Gerade die schlesische Karte wird für Görlitz an der Nahtstelle der erweiterten EU der besondere Trumpf für ihre Zukunft sein.

Am Sonntag, dem 18. Juni, um neun Uhr morgens holt uns Jacek Gaczkowski im Hotel Tuchmacher ab. Unser Nachdreh im deutschen Restzipfel von Schlesien ist beendet. Jetzt geht es auf die große Rundreise nach Breslau zur 1000-Jahr-Feier der Stadt. Das Wetter ist noch nicht so gut wie angekündigt. Aber zunächst drehen wir nur für »Die große Flucht«. Für das ernste Thema brauchen wir keine strahlende Sonne.

Nach dem Grenzübertritt bei Ludwigsdorf fahren wir zuerst nach Lissa, in das Dorf, das heute Lazow heißt und meinem Geburtsort an der Neiße direkt gegenüberliegt. Jacek fragt einen Mann auf der Straße nach der einzigen Deutschen, die hier lebt. Der Mann lotst uns zum Haus von Frau Papadopolus. Ein griechischer Name ist in Polen nicht ungewöhnlich, denn nach dem griechischen Armeeputsch von 1967 sind viele Griechen nach Polen ausgewandert.

Die Frau, die deutsch in der Farbe meiner Heimat spricht, erklärt sich bereit, uns zum Bahnhof ins ehemalige Kohlfurt zu begleiten und dort auf unsere Autos aufzupassen. Wir wollen den großen Eisenbahnknotenpunkt filmen, der bei der Vertreibung der Deutschen aus Schlesien eine so schlimme Rolle spielte. Ursula Brauburger hatte uns von den Zuständen ihrer Ausweisung dort erzählt.

»Ich komme gern mit«, sagt Frau Papadopolus, »aber um drei Uhr muß ich wieder zurück sein, da gibt es hier im Ort ein Fest. Wir haben jetzt alle Anschluß an das Wassernetz von Penzig gekriegt.«

Zunächst drehen wir die Aufnahmen in Lissa. Wir wollen den ehemaligen Hof meiner Verwandten filmen, die wir interviewt haben, und den Weg, den die Deutschen gehen mußten, als sie von hier vertrieben wurden. Frau Papadopolus holt von der Bewohnerin des Hofes die Erlaubnis ein. Die Kamera, die wir hier aufstellen, erregt Aufsehen. Der Hof liegt direkt gegenüber vom Dorfplatz mit dem Teich, auf dem das Fest stattfinden soll und auf dem die Vorbereitungen dazu bereits in vollem Gange sind. Die Feuerwehr hat mehrere Wasserschläuche in den Teich installiert und probt deren Funktion.

Anschließend fahren wir mit der Kamera zur Neiße, an die Stelle, wo bis 1945 die Brücke nach Zodel war. Wir gehen über die zum Teil sumpfige Wiese. Die Stelle, wo wir 1995 gedreht haben, ist in den fünf Jahren so zugewachsen, daß wir keine guten Aufnahmen vom Fluß mehr machen können. Das einzige, was mein Kamerakollege dreht, ist ein Blick auf mein Geburtshaus, das wir wegen seiner Größe und der erhöhten Lage auf der Böschung des Neiße-Urstromtales gut sehen können.

Es folgt eine langsame Kamerafahrt durch das Dorf aus dem Auto, den Weg der Vertreibung entlang, den auch Waltraud Papadopolus gehen mußte, die damals noch Bähr hieß. Ihre Biographie ist eine besondere. 1946 war ihr Vater, der Dorfschmied, von Zodel mit seiner Familie nach Lissa in ihr Haus zurückgekehrt. Der unerschrockene Mann hatte vorher bei der sowjetischen Kommandantur in Görlitz die Genehmigung dazu eingefordert. Da die Dorfschmiede noch keinen polnischen Bewohner hatte, wurde ihm ausnahmsweise die Bitte gewährt. Auf langen, schwankenden Brettern hatte er seine Angehörigen über die Neiße in ihr Heimatdorf geführt. Bis 1948 konnten sie in ihrem Haus bleiben, dann mußten sie einem polnischen Schmied Platz machen.

Weiter geht es nach Kohlfurt, durch die frühere Görlitzer Heide. Mit ihrem Grundbesitz und den Kohlegruben gehörte Görlitz bis 1945, prozentual auf ihre Bürger gerechnet, mit zu den reichsten Städten in Deutschland. Heute am Sonntag sind viele Leute am Blaubeerpflücken, wie die Autos am Waldrand verraten. Es ist die gleiche ebene Landschaft wie drüben über der Neiße nördlich von Zodel. Unendlicher Kiefernwald. Darin eingesprenkelt die Dörfer. Schnurgerade Straßen.

Wir sind am Bahnhof von Kohlfurt. Meine Kollegen gehen auf eine Fußgängerbrücke, die über die Gleise führt, zum Drehen. Sie wollen dazu keine Genehmigung einholen, weil das meist bei solchen Anlagen ein komplizierter Instanzenweg wird. Ich bleibe noch bei Frau Papadopolus im Auto sitzen, weil wir uns so interessant über unsere Heimat unterhalten. Ein Mann klopft an die Scheibe und sagt auf deutsch: »Bitte eine Mark.« Ich suche in meiner Geldbörse und gebe ihm zwei Zloty.

»Das Betteln ist ganz schlimm bei uns. Es sind meist Leute, die trinken. Aber wenn Sie ihm was gegeben haben, ist das auch gut!« sagt Frau Papadopolus in schlesischem Tonfall.

Ich verlasse das Auto und gehe auf die Brücke, um nach meinen Kollegen zu schauen. Ich kann sie aber nirgends auf dem großen Gelände sehen. Wo sind sie?

Ein Mann in Uniform kommt auf die Brücke und will meinen Paß sehen.

»Wo sind meine Kollegen?« frage ich ihn.

Er versteht mich nicht.

»Kollega«, radebreche ich.

Er zeigt auf ein Gebäude und fordert mich zum Mitgehen auf. Jetzt wird es ernst, denke ich. Vielleicht hat man schon die Kassette mit dem Gedrehten beschlagnahmt, weil es hier verboten ist zu filmen. Oder mein ganzes Team festgehalten? Ich muß vor dem Gebäude warten. Dann kommen meine Kollegen heraus, und ich erhalte meinen Paß zurück. Wir dürfen nun auch ganz offiziell drehen. Jacek hatte einem wichtigen Mann erklärt, daß wir den Film »Schlesische Reise« machen und dafür auch den Kohlfurter Bahnhof drehen wollen.

»Dobrze«, gut!

Kurz vor 15 Uhr sind wir wieder in Lissa. Die letzten Vorbereitungen für das Fest sind im Gange. Frau Papadopolus bittet uns zu bleiben. Wir wollen nicht unhöflich sein und setzen uns an einen freien Tisch. Eine deutsch sprechende Frau kommt zu uns. Sie stammt ebenfalls aus Lissa, wurde aber nicht vertrieben, weil sie mit einem Polen verheiratet war. Sie stellt uns ihren Sohn vor, der bei der Stadtverwaltung in Penzig arbeitet, die jetzt hier das Wassernetz erweitert hat. Auch er spricht deutsch und erzählt vom letzten

Das Hirsch-
berger Rathaus
inmitten des
Rings mit
seinen Lauben

Treffen ehemaliger Bewohner von Penzig, zu dem er eingeladen war. Auf dem Friedhof der Stadt sei eine Gedenktafel
für die deutschen Toten angebracht worden. Das polnisch-
deutsche Verhältnis verbessere sich zunehmend. Wir lau-
schen den Eröffnungsreden. Dann schießt das Wasser aus
den Schläuchen. Aus Styropor gefertigte Schwäne schwim-
men auf dem Teich. Und plötzlich kommt auch noch die ver-
sprochene Sonne.

Gegen 18 Uhr sind wir in Hirschberg vor unserem Hotel
»Jelenia Gora«. Nach dem Ausladen besichtigen wir die Innenstadt und den berühmten Ring mit seinen Lauben. Die
Stadt mit ihren rund 100 000 Einwohnern ist das Tor zum
Riesengebirge und heißt heute Jelenia Gora; das entspricht
der exakten Übersetzung des deutschen Namens ins Polnische. Malerisch liegt der Ort, seinem Namen zum Trotz, in
einem weiten Talkessel zwischen dem Riesengebirge und
dem Bober-Katzbach-Gebirge. 1281 von deutschen Sied-
lern gegründet, 1335 böhmisch, 1525 habsburgisch, 1742
preußisch.

Das wiederer-
standene
Schildauer Tor
in Hirschberg
mit dem
Hirschberger,
preußischen
und schlesi-
schen Wappen

Links:
Die Gnadenkir-
che in Hirsch-
berg von 1718.
Ehemals eine
der größten
evangelischen
Kirchen in
Schlesien

Alle Häuser um den Ring sind in gutem Zustand, wie auch schon 1995. Neu aber sind das Pflaster und die Lampen. Die Lauben – eine norditalienische Erfindung, die über Tirol nach Böhmen und Schlesien gelangte – hat man nicht gegen den Regen gebaut, sondern als Schutz gegen gleißende Sonne. Da heute ein heißer Tag ist, setzen wir uns gern in ihren Schatten.

Am nächsten Morgen beginnt unser Drehprogramm am Ring mit seinem Rathaus in der Mitte. Dann durch eine belebte Fußgängerzone Richtung Gnadenkirche. Das frisch restaurierte Schildauer Tor mit seinem preußischen und schlesischen Adler und den Kronen strahlt in der heißen Sonne. Die Gnadenkirche auf dem weiten Platz ist eine der sechs schlesischen Gnadenkirchen, die auf Veranlassung des evangelischen Königs Karl XII. von Schweden vom katholischen Kaiser in Wien den Protestanten zum Bau genehmigt wurden. Die Gnadenkirche in Hirschberg hatte die Katharinenkirche in Stockholm zum Vorbild. Das imposante Gotteshaus, eines der größten in Schlesien, besticht durch eine beeindruckende Inneneinrichtung und eine riesige Orgel über dem Altar. Zur Zeit werden deutsche Inschriften freigelegt, die während der kommunistischen Ära übermalt wurden.

Ich überlege, ob wir in der Kirche drehen sollen. Aber dann verwerfe ich den Gedanken wieder. Jetzt wäre das schöne Wetter für Innenaufnahmen zu schade. Statt dessen werden wir den Zuschauern die große protestantische Schweidnitzer Friedenskirche zeigen, die wir 1995 mit einem riesigen Lichtaufwand gedreht haben. Zwar sollen die Zuschauer das Wichtigste und Schönste von Schlesien sehen, aber man darf sie auch nicht mit einem Überangebot erdrücken. »Zuviel und zuwing ist immer ein Ding.« Das stimmt. Eine besonnene und maßvolle Auswahl, das ist die Kunst!

Die barocken Grabkapellen um den großen Platz der Gnadenkirche lassen noch heute den Reichtum der Leinenhändler von Hirschberg erahnen. Der preußische König Friedrich der Große, der des öfteren in der Nähe wohnte, soll wegen des Glanzes und Aufwandes sehr ungehalten gewesen sein. Die von ihm Gemaßregelten hätten auf seine Kritik erwidert: Wenn er nicht König, sondern Leinenkauf-

Seite 128/129: Im Kurpark von Bad Warmbrunn, dem ältesten schlesischen Bad

herr wäre, könnte er sich das auch leisten. Die Gruftkapellen sind zum Teil noch heute in einem verfallenen Zustand. Sie wurden fast alle Opfer von Grabräubern, die sich Pretiosen darin erhofften.

Bad Warmbrunn ist jetzt ein Vorort von Hirschberg und gehört zu den ältesten schlesischen Kurorten. Seinen Namen verdankt er den im 12. Jahrhundert entdeckten heißen Quellen. Das schwefelhaltige Thermalwasser wird zur Heilung von Rheuma, Haut- und Nervenkrankheiten genutzt. Wir gehen durch den Kurpark, dessen schattige Anlagen bei der Hitze eine Wohltat sind. Nur die Bauarbeiten auf der benachbarten Straße und die Rasenmäher auf der großen Wiese beeinträchtigen stark den Naturgenuß. Leider finden wir keine offenen Wasserfontänen, wie ich sie mir erhofft hatte. Dafür besticht das neu renovierte spätbarocke Schloß des Grafen Schaffgotsch.

Wir fahren zu den Giersdorfer Teichen. Von hier am Fuße des Riesengebirges hat man den schönsten Ausblick auf den langgezogenen Kamm. Links die Schneekoppe. Rechts das Hohe Rad mit der Schneegrubenbaude, die heute Fernseh- und Wetterstation ist. Darunter die große und die kleine Schneegrube, die das ganze Jahr über Schneereste bewah-

Straßenszene in Bad Warmbrunn

Seite 152/153: Blick auf den Kamm des Riesengebirges von den Giersdorfer Teichen. Rechts das Hohe Rad mit der Schneegrubenbaude und der kleinen und großen Schneegrube

Rechte Seite
oben:
Die Kirche
Wang im
Riesengebirge.
Rechts die
Schneekoppe

Rechte Seite
unten:
Der Innenraum
der Kirche
Wang, die
aus Norwegen
stammt

ren und inzwischen aus Naturschutzgründen für Wanderer nicht mehr zugänglich sind. Weiter geht es über Seidorf, bei dem ein großer Stausee gebaut wird, hoch über Krummhübel nach Brückenberg zur Kirche Wang. Ein Muß für alle Schlesier. Das bauliche Ensemble hat mich schon 1995 bei unserem ersten Dreh gefangengenommen. Holz und Stein, Kirche und Turm halten Zwiesprache, ergänzen sich, passen in die Landschaft, als wären beide für diesen Ort entworfen und gebaut worden.

Das Holzkirchlein, das eine lange Geschichte hat, stammt aus Norwegen. Im 12. Jahrhundert wurde es dort am Wang-See erbaut – ein Gotteshaus aus dem Holz der Bergkiefer, wie es sie zu Hunderten gibt. 1840 drohte ihm der Abriß, weil die Gemeinde eine neue Kirche bauen wollte. Davon erfuhr der norwegische Maler und Schriftsteller Johan Dahl, der an der Dresdner Kunsthochschule lehrte. Mit der Bitte, dieses Kleinod der Baukunst zu retten, wandte er sich an den preußischen König Friedrich Wilhelm IV., von dem er wußte, daß er ein Kunstmäzen war. 1841 konnte Dahl das Kirchlein im Auftrag des Königs ersteigern. Auseinandergenommen und in Kisten verpackt landete es im Königlichen Museum in Berlin. Seinen ursprünglichen Plan, es auf der Pfaueninsel in der Havel aufzustellen, ließ Friedrich Wilhelm IV. wieder fallen. Er suchte nach einem Ort, an dem die Kirche weiterhin einer evangelischen Gemeinde als Gotteshaus dienen konnte. Als er von der Gräfin Reden erfuhr, daß die evangelischen Bewohner von Brückenberg im Riesengebirge keine eigene Kirche hatten, machte er sie dieser Gemeinde zum Geschenk.

Den Bauplatz zur Wiedererrichtung stiftete der reiche Graf Schaffgotsch aus Bad Warmbrunn. Im März 1842 wurden die verpackten Teile auf Flußbarken verfrachtet. Über Kanäle und die Oder gelangten sie bis in die Nähe von Liegnitz. Dort wurden sie auf neun Pferdewagen verladen. Unter Glockengeläut von den Kirchen beider Bekenntnisse und vorbei an den spalierstehenden Schlesiern gelangten sie endlich an den neuen Ort ihrer Bestimmung. Am 2. August 1842 legte der preußische König persönlich den Grundstein zur Rekonstruktion der Kirche. Knapp zwei Jahre später, am 28. Juli 1844, erfolgte die feierliche Einweihung unter dem Namen »Bergkirche Unseres Erlösers – Wang«. Seit-

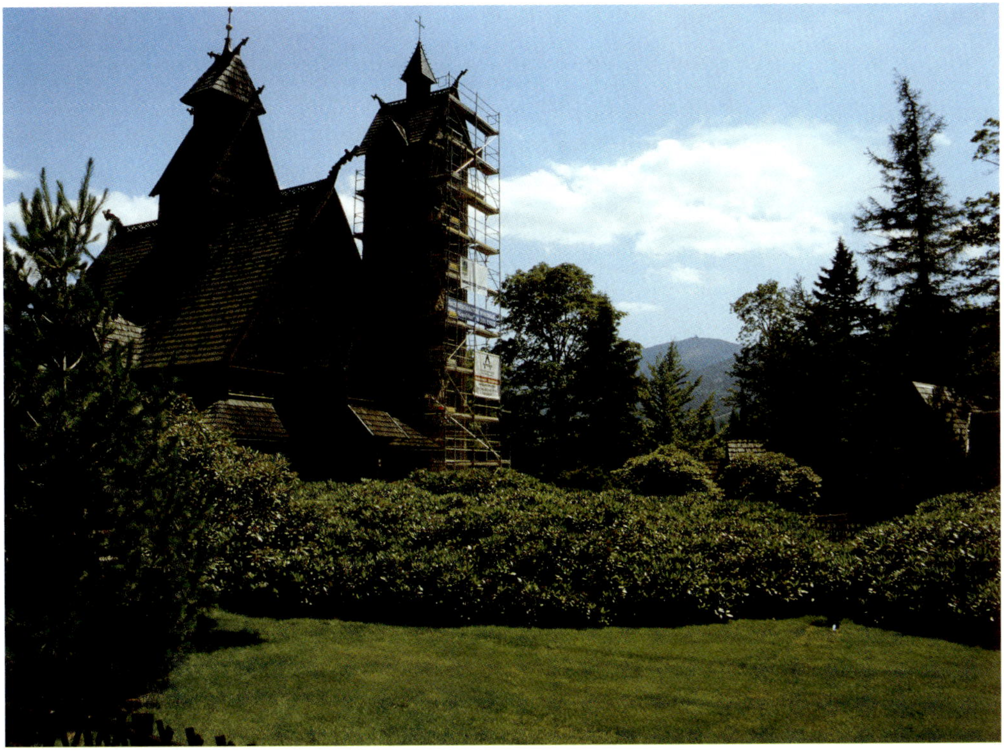

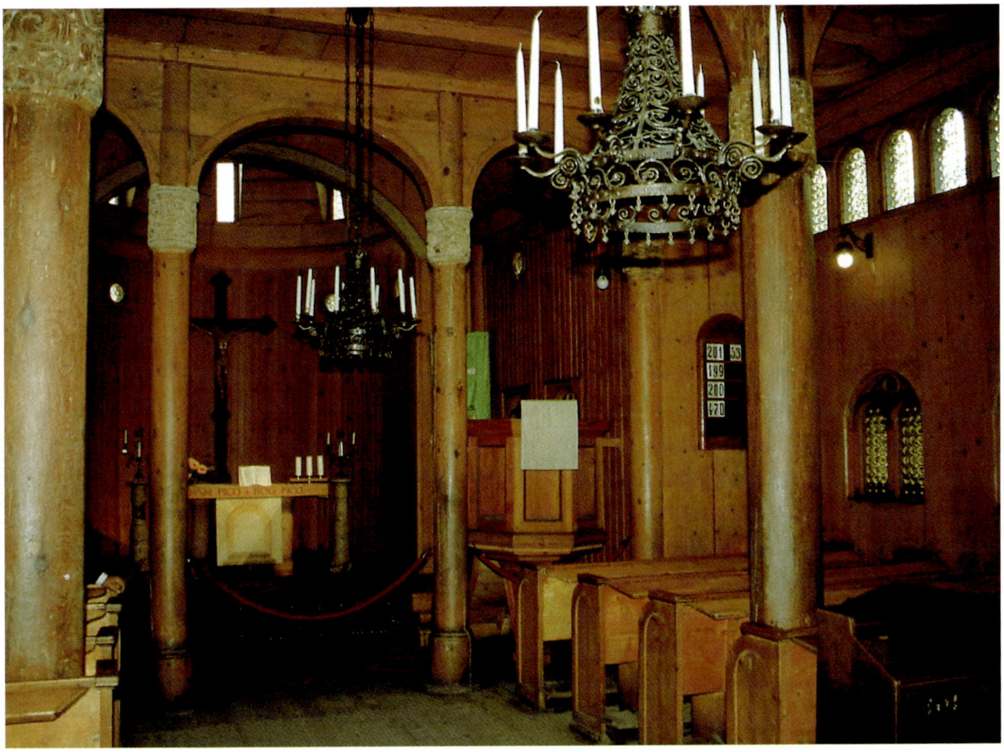

»Haus Wiesen-stein« in Agnetendorf, in dem der Dichter Gerhart Hauptmann bis zu seinem Tode 1946 wohnte

her ertönen die Glocken der mit 885 Metern am höchsten gelegenen schlesischen Kirche.

Im Gegensatz zu den meisten evangelischen Kirchen in Schlesien wird die Kirche Wang gepflegt und gehütet. Zur Zeit wird gerade der Glockenturm restauriert. Bei unserem Außendreh stellt sich uns der deutsche Pfarrer Wegmann vor, der in den Sommermonaten dem hiesigen polnischen Pfarrer Pech hilft, die vielen deutschen Touristen und Gottesdienstbesucher zu betreuen. Das Innere der Kirche, das wir danach ebenfalls filmen, strahlt Wärme und Geborgenheit aus. Ich zeige meinen Kollegen den Außengang, der um die ganze Kirche führt. Ein zusätzlicher Schutz gegen Schnee und Kälte. Die Schlesier lieben ihre Kirche Wang. Auch bei uns zu Hause hing ein Foto von ihr im Flur, und ich erinnere mich an Erzählungen meiner Mutter.

Wir wollen bei dem strahlenden Wetter an diesem Tage besonders viel drehen. Deshalb fahren wir weiter bis nach Agnetendorf, zum »Haus Wiesenstein«, in dem Gerhart Hauptmann viele Jahrzehnte bis zu seinem Tod am 6. Juni 1946 gewohnt hat. Unser Autowächter, ein junger polnischer Mann aus Hirschberg, kennt sich hier aus. Er weiß einen Schleichweg durch den Wald, mit dem wir Zeit

WEN DU NICHT VERLÄSSEST, GENIUS, NICHT DER REGEN, NICHT DER STURM
HAUCHT IHM SCHAUER ÜBERS HERZ. WEN DU NICHT VERLÄSSEST, GENIUS,
WIRD DEM REGENGEWÖLK, WIRD DEM SCHLOSSENSTURM ENTGEGENSINGEN,
WIE DIE LERCHE, DU DA DROBEN.

*Fresken in der
Paradieshalle
in Haus
Wiesenstein*

sparen. Doch als wir ankommen, ist die Besichtigungszeit
des Hauses bereits vorbei. Wir klingeln und klopfen an
mehreren Türen. Dann erscheint eine würdige Dame mit
schneeweißen Haaren. Ich erkenne sie wieder. Sie war
schon 1995 hier die Hausherrin. Als wir von unserem Film
erzählen, gewährt sie uns Einlaß. Frau Wanda Banaszak
führt uns durch die große Paradieshalle mit den Fresken
von Johannes Avenarius, in die neueingerichtete Gedenkstätte. Sie ist im ehemaligen Arbeitsraum von Gerhart
Hauptmann im Turmzimmer untergebracht. Büsten und
Erinnerungsgegenstände auf den Tischen, Fotos und

Gemälde an den Wänden erinnern an Leben und Wirken des großen Dichters.

Nach dem Drehen zeigt uns Frau Banaszak das ganze Haus, das von Grund auf erneuert wurde und in dem ein Kulturzentrum für polnische und deutsche Schriftsteller und Dichter eingerichtet werden soll. Ein Höhepunkt für mich ist der ehemalige Weinkeller von Hauptmann mit seinem gemauerten Flaschenregal. Zwei Liter Wein soll er ebenso wie Goethe täglich getrunken haben. Dabei blieben die beiden Dichterfürsten schöpferisch und gesund bis ins hohe Alter.

Anschließend fahren wir in das mehr als 40 Kilometer entfernte Kloster Grüssau. Bei den kurvenreichen Straßen über den Landeshuter Kamm ist das eine ziemliche Strecke. Es ist zwar schon später Nachmittag. Aber wir wollen es dennoch riskieren.

Als wir ankommen, wird im großen Marienmünster gerade eine Messe abgehalten. Die barocken Türme recken sich in das kräftige Blau des wolkenlosen Himmels. Wegen des dichten Baumbestands auf dem weiten Klosterareal ist es schwer, die Kirche von außen zu filmen. Ebenso die ums Eck stehende Josephskirche. Als die Messe mit den Mädchen und Buben nach der Heiligen Kommunion vorbei ist, dürfen wir in den kühlen Gottesraum des Marienmünsters. 1995 wurde er renoviert. Jetzt erstrahlt die größte barocke Kirche Schlesiens wieder in ihren leuchtenden Farben. Das Tageslicht in dem hellen Gottesraum reicht noch für Aufnahmen. Ich bewundere auf dem an der Kamera angeschlossenen Monitor die schönen Einstellungen, die dieses bewundernswerte Bauwerk bietet.

Nach dem Urteil des bekannten polnischen Kunsthistorikers Kalinowski gehört die Grüssauer Abtei zu »den bedeutendsten Werken des Spätbarocks in ganz Mitteleuropa«. Sie entstand in diesem Zisterzienserkloster in den Jahren 1727 bis 1735. Die wundervollen Deckenfresken schuf Georg Neunhertz, ein Schüler von Michael Willmann, dem bedeutendsten schlesischen Barockmaler. Auf dem geschnitzten Chorgestühl schweben Engel wie überall in der Kirche; auf dem Hochaltar steht unter einem Baldachin das verehrte Grüssauer Gnadenbild aus dem 13. Jahrhundert.

Linke Seite: Die Turmfront des Marienmünsters im Kloster Grüssau

Seite 140/141: Das Marienmünster, die größte Barockkirche Schlesiens

Das byzantinisch anmutende Gemälde wurde von Papst Johannes Paul II. bei seinem Besuch 1997 in Polen gekrönt.

Im Marienmünster gibt es die einzige noch in Schlesien erhaltene Orgel des berühmten Breslauer Meisters Michael Engler. Nur wenige Schritte sind es bis zur Josephskirche aus dem 17. Jahrhundert mit den berühmten Fresken von Michael Willmann, einem Schüler von Rembrandt. Aus seinem Zyklus über das Leben von Christus wählen wir als Beispiel für den Film die Geburt Christi aus. Man erkennt den Einfluß seines niederländischen Lehrers. 1693 bis 1698 hat Willmann die grandiosen Fresken in dieser Kirche geschaffen. Das Mausoleum der Schweidnitzer Piasten, das hinter dem Chor des Marienmünsters liegt, haben wir schon 1995 mit viel Licht gedreht. Es gilt neben der Schönbornkapelle des Würzburger Doms als der bedeutendste und schönste Mausoleumsbau des deutschen Barock. Ich muß daran denken, wie mich der festliche und fast heitere Charakter des hellen Raumes mit seinen vielfältigen Farben und Formen überrascht hat.

Christi Geburt aus dem Freskenzyklus von Michael Willmann

Am nächsten Tag herrscht wieder strahlendes Sommerwetter. Heute sind die Heimatdörfer meiner Eltern im Waldenburger Bergland unser Ziel. Ich will die Wurzeln meiner schlesischen Herkunft filmen. Die Entwicklung eines Kindes wird vor allem durch Mutter und Vater geprägt. Ihr Einfluß rangiert noch weit vor der Schule. Schlesien hatte für meine Eltern eine große Bedeutung. Sie liebten ihre Heimat aus tiefstem Herzen. Oft haben sie mir und meinen beiden älteren Schwestern davon erzählt. Mein Vater hatte über die Kriegswirren einige Bücher und Hefte über Schlesien gerettet, die ich mir zur Ergänzung ihrer Schilderungen

Linke Seite: Die Josephskirche mit den Fresken

Seite 144/145:
Die Josephs-
kirche (rechts)
und das Gäste-
haus in Kloster
Grüssau

aus dem großen Schrank mit der Glastür holte. Später schenkte er mir eine Sammlung von Bildern über ihre Heimat, in der das Waldenburger Bergland und das Riesengebirge den größten Raum einnehmen. Als pensionierter Lehrer stellte er einen »Schlesischen Musenalmanach« über Dichter und Schriftsteller des Landes zusammen, den er mir schenkte und der mir viel bedeutet.

In seinem Vorwort erklärt er, was ihn dazu veranlaßt hat.

> Als geborener Schlesier, der mit seiner Heimat eng verbunden war und ist, fühlte ich mich angeregt, über das, was mir Schlesien bedeutete und was es mir gab, noch einmal ernsthaft nachzudenken. Ich vertiefte mich mehr als sonst in die dichterischen Werke der Vertreter Schlesiens und erkannte dabei, wie stark das manchmal im Westen etwas abfällig beurteilte Grenzland auf deutsches Denken und Dichten in all den Jahrhunderten seit der Kolonisation im 12. Jahrhundert ausstrahlte und befruchtend wirkte.

Am Schluß des Vorworts drückt mein Vater die Hoffnung aus, daß von seiner Arbeit auch eine Wirkung ausgeht.

> Wenn es mir gelungen sein sollte, durch meine Darstellung auch in den Herzen unserer eigenen Nachkommen ein Gefühl des Stolzes und der Dankbarkeit für die einstige Heimat ihrer Vorfahren wachzuhalten, ist es mir eine große Freude und eine innere Genugtuung.

Erst 1985 konnte ich zum ersten Mal in die Heimat meiner Eltern reisen. Von der Schneekoppe schrieb ich meinem Vater, der schon schwer krank war, eine Ansichtskarte. Wenige Wochen später starb er. Meinen Film »Das deutsche Nachkriegswunder – Leid und Leistung der Vertriebenen«, in dem ich über meine erste schlesische Reise berichtete, hat er nicht mehr gesehen. Seine Liebe zur Heimat und sein Bemühen, etwas davon zu vermitteln, sind das Bindeglied zu meiner Arbeit geworden. In diesem Sinne stehe ich in seiner Tradition, die Liebe zu diesem Land auch anderen mitzuteilen.

Wir fahren die Straße von Hirschberg Richtung Schweidnitz. Bald muß Bolkenhain, das heutige Bolkow, kommen. Es ist die kleine Stadt, von der mir meine Mutter so oft erzählt hat, weil es dort eine große alte Ritterburg, die »Bolkoburg« gibt. Im Februar, auf unserer Rückfahrt nach Breslau von unserem Dreh im Riesengebirge, hatte ich sie auf dem Bergkegel gesehen und war überrascht über die Ausdehnung ihrer Mauern. Doch jetzt im Sommer sieht man von der Burg nicht viel. Ihre Mauern sind vom Laub der Bäume verdeckt. Wir fahren zum Ring im Stadtkern und laufen durch seine Lauben, die über Treppen zugänglich sind. Ein hübscher, gepflegter Ort. Ich hätte Lust, mit meinem Team die Burg zu besuchen. Doch wir müssen Zeit sparen. Morgen filmen wir das Schloß Fürstenstein, und das ist das absolute Nonplusultra. In Freiburg besuchen wir den Ring, der besonders schön und gepflegt aussieht.

Unser nächsten Ziel ist Bad Salzbrunn, wo ich 1985 zum letzten Mal war. Damals machte es einen ärmlichen Eindruck. Jetzt glänzen auch hier die Farben in der Sonne. Der Kurpark mit seinem frisch eingesäten Rasen ist nicht sehr belebt. Vielleicht liegt es an der bereits jetzt schon großen Hitze. Direkt neben ihm liegt der Gerhart-Hauptmann-

Auf dem Ring in Bolkenhain mit seinen Lauben und Treppen

Der Ring in Freiburg

Platz mit dem Geburtshaus der beiden Brüder Carl und Gerhart. Eine schwarze Granittafel mit polnischer und deutscher Aufschrift erinnert an die beiden Dichter. In der Trinkhalle probiere ich das salzige Wasser, das dem Ort seinen Namen gab.

Wir suchen den Bahnhof von Bad Salzbrunn, um ihn für unseren Flucht-Film zu drehen. Schon 1985 war ich bei den Recherchen zu meinem Film »Das deutsche Nachkriegswunder – Leid und Leistung der Vertriebenen« auf ein Zeitdokument aus diesem Ort gestoßen. Der »Sonderbefehl für die deutsche Bevölkerung der Stadt Bad Salzbrunn« ordnete die Umsiedlung der Menschen innerhalb von drei Stunden ohne vorherige Benachrichtigung an. Jeder Deutsche durfte höchstens 20 Kilogramm Reisegepäck mitnehmen. »Das Inventar der Häuser und Wohnungen … bleibt Eigentum der polnischen Regierung … Nichtausführung des Befehls wird mit schärfsten Strafen verfolgt, einschließlich Waffengebrauch.« Unter Punkt 9 hieß es: »Sammelplatz an der Straße Bahnhof Bad Salzbrunn-Adelsbacher Weg in einer Marschkolonne zu 4 Personen. Spitze der Kolonne 20 Meter vor der Ortschaft Adelsbach.«

Rechte Seite: Kurpark in Bad Salzbrunn mit dem Hochwald-Gipfel des Waldenburger Berglands

*Das Geburts-
haus der Brüder
Hauptmann in
Bad Salzbrunn,
die frühere
»Preußische
Krone«*

Dieser Befehl datierte vom 14. Juli 1945, also noch vor dem
Beginn der Potsdamer Konferenz, die die Umsiedlung be-
schloß. Er bezeugt die eigenmächtigen Vertreibungen, die
das polnische Militär in vorauseilendem Gehorsam durch-
führen ließ.

Wir finden den Bahnhof, der inzwischen stillgelegt worden
ist. Mein Kollege filmt den Platz, der als Sammelstelle be-
fohlen war. Dann läuft er mit der tief gehaltenen Kamera
über die Pflastersteine, die noch die alten sind. Von hier ging
die Kolonne Richtung Adelsbach, dem Geburtsort meines
Vaters. Vom langsam fahrenden Auto, das die Assistentin
steuert, filmt Lothar Franzke die bergige Landschaft, die
die Deutschen gesehen haben, als sie sich auf den Weg nach
Westen machen mußten.

Mein Vater wurde nicht von hier aus umgesiedelt, weil er
schon vor dem Krieg in Zodel, westlich der Neiße, eine An-
stellung als Lehrer bekam. Dort hat er mit meiner Mutter,
die in Altreichenau, dem Nachbarort von Adelsbach, geboren wurde, die Familie gegründet, der ich als drittes Kind
entstamme. Die Straße von Bad Salzbrunn mündet in die

Dorfstraße von Adelsbach. Über dem Bach ist durch eine Baumlücke das Schloß des Ortes zu sehen, der zu den ältesten im Waldenburger Bergland gehört. Schon im 13. Jahrhundert wurde er gegründet. Sein Renaissanceschloß stammt aus dem 16. Jahrhundert. Es war im Krieg nicht zerstört, weil es im Gebirge keine Kampfhandlungen gab. Danach aber verfiel es.

Wir gehen über die Straßenkreuzung, die über den Bach führt. Jacek Gaczkowski fragt den Wächter, der vor einer kleinen Baracke auf dem Gelände des Schlosses sitzt, nach einer Drehgenehmigung. Für draußen sei das kein Problem, aber innen sei es verboten, weil das Gebäude zu baufällig sei. Übrigens sei das Schloß für 500 000 DM zu kaufen, übersetzt Jacek. Ein Kanadier hätte es beinahe erworben. Dann aber wäre er vor den Kosten der Instandsetzung zurückgeschreckt, die auf zwei Millionen DM geschätzt werden. Allein die Reparatur des Daches hätte 200 000 DM verschlungen.

Nach den Außenaufnahmen dürfen wir plötzlich doch noch hinein. Der Wachmann öffnet eine Torhälfte. Wir stehen im Eingang. Links und rechts kunstvoll behauene Sandsteinquadern und Säulen. Ich warne meine Kollegen, in das Innere des Schlosses zu gehen. Ich war vor zwei Jahren in den

*Das Renais-
sanceschloß in
Adelsbach im
Waldenburger
Bergland*

baufälligen Räumen, als ich mit meinen Angehörigen von der Preisverleihung in Breslau zurückgekehrt bin. Ich kannte den Zustand. In der Zwischenzeit konnte es nur noch schlimmer geworden sein. Jacek läßt sich nicht zurückhalten und folgt als einziger dem Wachmann ins Innere. Als er wieder draußen erscheint, gibt er mir recht.

»Du hast recht. Das war schon sehr gefährlich!«

Wir fahren am Bach entlang zum Geburtshaus meines Vaters. Vor zwei Jahren haben wir mit meinen Verwandten nur über den Zaun geschaut, weil wir keinen Dolmetscher hatten. Jetzt kann Jacek erzählen, wer wir sind und was wir vorhaben. Er spricht den Mann im Hof des Hauses an, der bald darauf zu unseren Autos schaut und einvernehmlich nickt. Jacek bestätigt die Geste. Wir dürfen drehen. Eine Frau mittleren Alters kommt hinzu, dann eine jüngere mit zwei kleinen Kindern.

Ich hole aus dem Auto mein Schlesien-Buch und zeige die Seite mit dem Foto des Hauses von 1899 und der Aufnahme, die ich 1985 hier gemacht habe.

»Das bin ich«, sagt der kräftig gebaute Mann. Er zeigt auf den Jungen, der vor dem Haus steht.

Dann eine Pause.

»Das ist mein Mann«, sagt die ältere Frau traurig und zeigt auf das Foto.

Sie erzählt uns, daß er bereits gestorben ist. Beim Gang durch die Felder hinter dem Haus hat er einen Herzinfarkt bekommen.

Vom Foto des Hauses von 1899 habe ich noch einen größeren Abzug dabei. Die Polen interessieren sich für die Menschen, die auf ihm abgelichtet sind. Ich zeige meine Großmutter, meinen Großvater und die drei älteren Brüder meines Vaters. Mein Vater ist nicht auf dem Bild. Er ist erst ein Jahr später geboren. Die anderen Personen auf dem Foto sind Mägde und Knechte, wie damals die Hilfskräfte auf einem Bauernhof hießen.

Sie schauen nach den Details des Hauses. Ich verspreche ihnen, mein Schlesien-Buch und einen Abzug des alten Fotos zu schicken.

Wir fahren filmend die schöne Allee von Adelsbach nach Altreichenau. Im Geburtshaus meiner Mutter, dem frühe-

ren Gasthof »Goldener Anker«, ist heute ein Laden, in dem es alles für ein Picknick zu kaufen gibt. Mit Käse, Wurst, Tomaten und Brot setzen wir uns an den davorstehenden Plastiktisch. Ich spendiere »Anna-Sprudel«, der aus dem Ort stammt und von dessen Wohlgeschmack mir schon meine Mutter vorgeschwärmt hatte. Es stimmt. Das stille Wasser schmeckt gut. Besser als Vitel und Fachinger zusammen. Ich schaue auf das Etikett. 160 Milligramm Kalzium, 82,6 Magnesium pro Liter. Also ist es zudem ein sehr gesundes Wasser. Ich erinnere mich, daß meine Mutter erzählte, daß um die Jahrhundertwende der Ort sogar Bad-Altreichenau hieß und ihr Vater damals Kurgäste in seinem Gasthof beherbergte. Aber das blieb von kurzer Dauer – die Betreiber-Gesellschaft ging nach zehn Jahren wieder bankrott.

Ich habe Jacek gebeten, den Bürgermeister des Ortes ausfindig zu machen, weil der »Goldene Anker« mit seinem großen Saal im Anbau der Gemeinde gehört. Dazu hätte ich gern ein paar Fragen gestellt. Auch möchte ich

Das Geburtshaus meines Vaters in Adelsbach. Davor die Bewohner des Hauses und unser polnischer Aufnahmeleiter Jacek Gaczkowski (links)

Der frühere Gasthof »Goldener Anker«, das Geburtshaus meiner Mutter in Altreichenau im Waldenburger Bergland

Rechte Seite: Die frisch renovierte katholische Kirche in Altreichenau

einiges über die Situation des Ortes erfahren. Wie sehen die Leute hier, die Landwirtschaft betreiben, die Zukunft, wenn Polen der EU beigetreten ist. Geht die Landflucht aus den bergigen Gebieten weiter? Doch der Bürgermeister ist verreist.

Nach dem Dreh des »Goldenen Ankers«, der 1985 um eine Etage aufgestockt wurde und dadurch seinen früheren Charme mit dem Walmdach verloren hat, suchen wir in langsamer Fahrt das Haus von Frau Wiesner. Sie konnte als Deutsche hierbleiben, weil sie einen Polen geheiratet hat. Ich erkenne ihren Garten wieder. Frau Wiesner und ihr Mann sind zu Hause. Sie bittet uns hinein und will uns zum Essen einladen. Da sie gerade für ihre Enkelkinder kocht, die gleich kommen werden, kommt es auf ein paar Esser mehr oder weniger sowieso nicht an. Wir erzählen, daß wir gerade vom Picknick vor dem »Goldenen Anker« kommen. »Können Sie uns nach dem Kochen zur Anna-Kapelle begleiten?« frage ich sie, »ich habe die berühmte Kapelle auf dem Berg noch nie gesehen, und allein finden wir sie nicht.« »Das kann mein Mann machen. Der muß sich nur beim Pfarrer die Schlüssel holen.«

Der Aufstieg auf den Berg ist bei der Hitze beschwerlich. Aber die Anna-Kapelle, nach der der Sprudel des Ortes genannt ist, erweist sich in natura noch schöner als auf dem Foto, das ich kenne. Ich besitze ein dickes Buch über Altreichenau von Georg Scharf aus dem Jahr 1981. Im Anhang war das Bild, das mich ebenso neugierig gemacht hat wie auch der folgende Text über Altreichenau: »Der Provinzialkonservator, von dem man ein verbindliches Urteil erwarten darf, hielt unsere Kapelle für die schönste freistehende Kapelle Schlesiens.« Ich überlege kurz, ob wir die Ausrüstung zum Filmen holen sollen. Aber dann besinne ich mich eines Besseren. Man kann nicht alles drehen, auch wenn die Heimat meiner Mutter soviel Schönes bietet.

Das Team filmt die beiden Kirchen von außen. Die frisch gestrichene katholische Kirche, die mit ihren Farben in der Sonne glänzt, und die evangelische, die so verfallen ist, daß ihr Dach bald einzustürzen droht. Dabei hatte sie einen berühmten Baumeister, der ein Schüler von Carl Gotthard Langhans war, dem Schöpfer des Brandenburger Tores in Berlin. Ich gehe allein über den Friedhof. Zuletzt durch hochgewachsenes Gras und Gestrüpp zu der Stelle, wo die Vorfahren meiner Mutter ruhen.

Gemeinsam mit dem Team warten wir auf den Pfarrer mit dem Schlüssel zur katholischen Kirche. Doch leider ist das Kircheninnere kitschig mit bunten Bändern geschmückt.

Zum Schluß geht es zum ehemaligen Gut meines Onkels Reinhard Kuhn, der sich 1955 das Leben genommen hat, weil er mit seinem Vertriebenenschicksal in der Bundesrepublik nicht zurechtkam. Sein großes Gut wurde von den Polen unter zwei Familien aufgeteilt. Die ältere Frau erzählt uns ihre Geschichte in Stalins Lagern. Mit 13 Jahren wurde sie mit ihrer Mutter zur Zwangsarbeit nach Sibirien verschleppt. Acht Jahre haben sie dort unter den unwürdigsten Umständen schuften müssen. Nach ihrer Entlassung konnten sie nicht mehr in ihre polnische Heimat, weil sie von Stalin annektiert war. Was haben die beiden Diktatoren Hitler und Stalin alles angerichtet und den Menschen für Leid gebracht!

»Wie von Geistern hingezaubert, schwebt auf einem Felsengipfel das königliche Schloß, frei in die blaue Luft sich

türmend«, schrieb Fürst Pückler Anfang des 19. Jahrhunderts über Schloß Fürstenstein. Nach seiner Meinung zählt es »zu dem Schönsten und Überraschendsten«, was er »je in Europa gesehen hat«. Der Fürst, der als Reiseschriftsteller mehr gelesen wurde als Goethe, hat viel gesehen. Sein Urteil über die Lage des Schlosses trifft zu. Gestern abend haben wir auf der Rückfahrt von Altreichenau das Schloß über wogenden Getreidefeldern gesehen. Der Felsengipfel über der Talschlucht war im Wald, der das ganze Anwesen umgibt, zu erahnen.

Heute sind wir bei brütender Mittagshitze erneut auf dem Weg zum Schloß. Um 14 Uhr wird dort im Maximiliansaal, im größten und schönsten Raum, Bolko Graf von Hochberg an Kinder, die in einem Malwettbewerb zum Thema Heimat gewonnen haben, Preise überreichen. Sein vollständiger Name ist Fürst von Pleß, Graf von Hochberg, Freiherr zu Fürstenstein. Wenn er auf dem jahrhundertealten Stammsitz seiner Familie zu Besuch ist, nennen ihn die Polen kurzerhand einfach »Fürst«. Obwohl er kein Eigentümer des Schlosses mehr ist, darf er doch hier wohnen. Der Umgang in Polen mit den alten deutschen Adelsfamili-

Die dem Verfall preisgegebene evangelische Kirche von Altreichenau

en ist völlig entkrampft und zeugt von Interesse und Anteilnahme.

Wir treffen uns mit dem Fürsten, seiner älteren Schwester und seiner Lebensgefährtin vor dem Eingang zum Schloß. Er führt uns die Doppeltreppe zum ersten Geschoß hoch, in dem die schönsten Räume der mehr als 400 Zimmer sind. Der Maximilianssaal führt über zwei Stockwerke und ist im Wiener Barock gestaltet. Die Innenausstattung wurde von Künstlern geschaffen, die damals hohes Ansehen genossen. So stammen die herrlichen Malereien von Anton Scheffler aus Prag. Der Saal hat viele illustre Gäste gesehen, unter ihnen die preußischen Könige Friedrich der Große und Friedrich Wilhelm III., die deutschen Kaiser Wilhelm I. und Wilhelm II., Zar Nikolaus mit seiner Gemahlin, den griechischen König Konstantin I., die niederländische Königin Wilhelmine und Winston Churchill.

Wir betrachten im Schnelldurchgang die angrenzenden Säle, dann gehe ich mit dem Team zum Außendreh. Welch ein Kontrast zwischen der Kühle im Schloß und der brütenden Hitze im Freien! Um uns gegen die möglichen Auswirkungen der Temperatur zu wappnen, schleppen wir neben der Ausrüstung noch »Anna-Sprudel-Flaschen« mit. Nicht nur zum Trinken, sondern auch zum Benetzen von Gesicht und Nacken. Am heißesten ist es auf dem Kies der Terrassen, die von der Sonne bestrahlt werden.

Vom Grund des Tales ist das Rauschen eines Wehrs zu hören.

Schloß Fürstenstein, dessen Geschichte bis ins 13. Jahrhundert zurückreicht, ist das größte Schloß Schlesiens. Wegen seiner malerischen Lage und reichen Ausstattung wurde es bis zum Zweiten Weltkrieg »die Perle Schlesiens« genannt. 1941 wurde es von den Nationalsozialisten konfis-

Schloß Fürstenstein im Waldenburger Bergland

Die Vorderfront von Schloß Fürstenstein im Gegenlicht

ziert, weil die Hochbergs Nazigegner waren und der Chef des Hauses nach England ins Exil ging. Die bisherigen Bewohner des Schlosses, darunter auch die berühmte englischstämmige Fürstin Daisy, mußten es verlassen. Die Organisation Todt begann, das Haus im Stile der Nazis umzubauen, und vernichtete unwiederbringliche Werte früherer Bauepochen. Unklar blieb bis heute, welchen Zweck das Schloß haben sollte. Einer Version zufolge sollte es Hauptquartier der deutschen Wehrmacht oder Adolf Hitlers werden. Die andere Version sah Schloß Fürstenstein als geheime Fabrik biologischer Waffen, worauf die großen unterirdischen Räume hindeuten, die in die Felsen gehauen wurden. Vielleicht wollte sich auch der Gauleiter Hanke von Breslau hier ein Denkmal setzen und seinen Größenwahn befriedigen.

Wir sind nach dem Außendreh der vielen Ansichten des Schlosses von den unterschiedlichen Terrassen in den kühlen Maximilianssaal zurückgekehrt. Die Angehörigen der Familie Hochberg sitzen bereits hinter goldverzierten Marmortischen. Die Veranstaltung beginnt mit Musik, Reden, Begrüßungen. Auch wir werden als deutsches Fernsehteam vom Vorsitzenden des Vereins der Freunde von Schloß Fürstenstein, Bogumil Kulaga, herzlich willkommen geheißen. Es folgen Musikdarbietungen von Kindern der umliegenden Orte. Und am Schluß überreicht Fürst Bolko mit adeliger Würde die Preise an die wartenden Jungen und Mädchen.

Im Anschluß an die Zeremonie hatten wir ein kurzes Interview mit ihm vereinbart und als Ort dafür einen Brunnen im Schatten eines Baumes vorgesehen. Bolko, mit dem ich seit 1995 befreundet bin, ruft mich auf dem Handy an und fragt

nach der Stelle unseres Treffens. Als er hört, daß wir draußen drehen wollen, protestiert er.

»Bei der Hitze! Warum nicht im Schloß?«

»Hier ist Schatten und es weht ein angenehmer Wind.«
Ich kann ihn überzeugen. Er kommt.

»Sie haben eben im ehemaligen Schloß der Familie Auszeichnungen überreicht, was hat das für Sie bedeutet?«

»Ich finde es schön, daß die Kinder hier Gefallen finden an der Heimat oder auch an unserem Schloß und daß dieses Schloß weiterhin im Bewußtsein bleibt. Ich unterstütze das gerne und habe mich immer für Aufgaben dieser Art zur Verfügung gestellt.«

»Was bedeutet für Sie Schlesien?«

»Das ist die Heimat meiner Vorfahren. Schlesien war immer umkämpft wegen seines Reichtums und seiner Lage. Ich glaube, daß jetzt in einem vereinten Europa dieses Schlesien zum erstenmal seit Jahrhunderten zu einer Ruhe findet, und auch daran arbeiten wir gerne mit der polnischen Bevölkerung zusammen.«

»Wie sehen Sie die Zukunft Schlesiens?«

Blick aus dem Maximilians-saal des Schlosses auf die Gebäude der Toreinfahrt

»Schlesien ist eine Nahtstelle, ist eine Brücke. Die Schlesier, sowohl die alten als auch die neuen, gehen aufeinander zu und können sicher einen sehr wertvollen Beitrag in dieser Richtung leisten.«

Zum Nachmittagskaffee lädt uns Frau Stempowska in ihre Wohnung ein. Sie ist eine Tochter des letzten Sattelmeisters von Schloß Fürstenstein und konnte in ihrer Heimat bleiben, weil sie einen Polen geheiratet hat. Bei ihr gibt es richtigen schlesischen Streuselkuchen, bei dem nicht an Butter gespart wurde. Er schmeckt wie früher bei meiner Mutter zu Hause. Gemütlich ist es im großen Wohnzimmer in einem Nebenhaus des Schlosses, das durch die dicken Mauern und die Doppelfenster die Hitze des Tages fernhält. An den beiden Tischen sitzen der Fürst mit seiner Begleitung, der Vorsitzende des Schloßvereins Kulaga, mein Team und ich, ein Sohn und mehrere Enkelkinder von Frau Stempowska, die mit Kuchen und frischem Kaffee aus der Küche kommt. Aus Görlitz ist Sebastian Beutler angereist, der mit einem Hörfunkjournalisten aus Breslau neben Bolko von Hochberg sitzt. Der Vizepräsident des Vereins Schlesisches Musikfest in Görlitz möchte das Musikfest im nächsten Jahr auch nach Fürstenstein ausweiten und die Familie der Hochbergs mit einbeziehen. Ein Hochberg hatte das Schlesische Musikfest gegründet und war selbst als Komponist hervorgetreten. In Fürstenstein begegnet man der Bitte daher sehr aufgeschlossen.

Später besuchen wir zusammen das Staatliche Hengstgestüt von Schloß Fürstenstein. Frau Stempowska hatte uns, wohl aus Verbindung zum Beruf ihres Vaters, dringend darum gebeten. Die Gebäude und Ställe der großen Anlage sind in allerbestem Zustand. Schöne Pferde, draußen und drinnen. Auch Fohlen und den Unterricht in der großen Reithalle können wir filmen. Die Reithalle ist mit 40 mal 20 Metern eine der größten und schönsten in Europa. Sie ist aus Lärchenholz in einer besonderen Art ohne einen einzigen Nagel erbaut.

Am frühen Abend fahren wir noch nach Schloß Muhrau in der Nähe von Striegau. Melitta Sallai, die als geborene von Wietersheim-Kramsta von dem Schloß stammt, war 1991 in ihre Heimat zurückgekehrt und hatte dort einen Kindergar-

ten und eine Akademie gegründet. Schon 1998 hatte sie mich bei einem Empfang in Fürstenstein, den Graf Hochberg gab, eingeladen, sie zu besuchen und ihre Aktivitäten zu begutachten. Aber damals gab es dafür keine Zeit. Heute kann ich mein Versprechen, mit einem Team vorbeizuschauen, einlösen. Nach den Außenaufnahmen vom Schloß interviewe ich sie und ihre Schwester Thesi von Werner, die gerade aus Deutschland zu Besuch ist.

»Wir wollten aus unserem Elternhaus etwas Sinnvolles machen, meine Geschwister und ich«, sagt sie.

»Was haben Sie bisher von Ihren Plänen verwirklichen können?«

»Wir haben einen Kindergarten und die Akademie aufgebaut. Wir geben Deutschkurse für Polen und Polnischkurse für Deutsche. Das ist sehr gut angelaufen.«

»Was wollen Sie noch erreichen?«

»Das nächste, was wir erreichen wollen, ist, daß wir das gesamte Projekt auf eigene Beine stellen«, antwortet ihre Schwester, die sich vor allem um das Finanzielle kümmert und gerade mit einer Firma am Telefon verhandelt hat. »Wir versuchen, mit der Fortbildungsstätte so viel zu erwirt-

Schloß Muhrau, rechts Melitta Sallai, Graf Bolko von Hochberg Fürst von Pleß und Lilli von Malaise

Linke Seite: Schloß Fürstenstein, Südseite mit den Terrassengärten

Schloß Lom-
nitz im Hirsch-
berger Tal.
Rechts das
renovierte
Witwenschloß.
Links das
große Schloß,
das noch fertig-
gestellt wird

schaften, daß der Kindergarten mitbetrieben werden kann.«
Ich verweise auf das Thema unseres Films: tausend Jahre
Breslau.

»Was denken Sie über Breslau?«

»Ich war vor einigen Monaten in der Zauberflöte auf
deutsch. Der Hauptmann von Köpenick wird auch auf
deutsch gegeben. Es gibt überhaupt keine Berührungsäng-
ste mehr wie noch vor acht Jahren, wenn man sagte, man sei
Deutscher. Es hat sich wirklich sehr viel verändert.«

Ich frage, warum so viele Gebäude in Schlesien verfallen
sind.

»Die Polen haben lange Zeit gedacht, Schlesien würde
ihnen nicht gehören. Irgendwann würden die Deutschen
kommen und es sich zurückholen. Das wird wieder deutsch,
warum sollen wir da investieren? Deshalb haben sie nichts
investiert. Jetzt erst fangen sie langsam damit an.«

36 Grad Celsius zeigt das Thermometer im Hof von Schloß
Lomnitz zur Mittagszeit. Gestern sind wir vom Hotel in
Hirschberg hierher umgezogen. Wir kommen Breslau immer näher. Meine Kollegen filmen gerade das weite Park-
gelände von Schloß Lomnitz, das sich am Bober entlang-

zieht. Ganz sicher wird der Kameramann auch Aufnahmen vom Fluß machen, denn wo es Wasser gibt, spielt er die Palette seines Könnens aus. Ich sitze mit Elisabeth von Küster zum Vorgespräch für unser geplantes Interview im Schatten eines großen Baumes. Den neuen Dumont-Kunst-Reiseführer von Schlesien, den sie noch nicht kennt, habe ich vor mir liegen. Ich kündige die Beschreibung ihres Schlosses im Buch an.

»Der erste Satz wird Sie amüsieren.« Ich lese ihn vor. »Lomnitz (Lomnica) liegt fünf Kilometer südöstlich von Hirschberg (Jelenia Gora) und rühmt sich eines der schönsten Paläste der Region.«

»Auweh!« sagt sie und wiederholt, »›rühmt sich eines der schönsten Paläste‹. Wenn jetzt die Leute kommen und das sehen wollen. Wir sind doch kein Palast, auch wenn das polnisch so heißt. Und ›rühmt sich‹, das klingt so, als ob wir uns selber so bezeichnen.«

»Aber es bleibt doch eine schöne Werbung, wenn sie so etwas schreiben.«

Wir begutachten zusammen den übrigen Text und das Foto vom Witwenschloß. Es ist eine gute Farbaufnahme, die aber mit »Herrenhaus« falsch untertitelt ist.

Meine Kollegen kommen. Wir beginnen das Interview.

»Wie kam es dazu, daß Sie Schloß Lomnitz wiederaufgebaut haben?« stelle ich die erste Frage. Obwohl ich schon

Die Kutscherstube im Park von Schloß Lomnitz, in dem Artikel aus Schlesien zum Kauf angeboten werden

einiges von verschiedenen Seiten darüber erfahren habe, möchte ich die Geschichte einmal von ihr hören.

»Das begann ganz ungeplant und spontan 1991«, erzählt sie mit ihrem verschmitzten Lächeln, »die Familie meines Mannes war bis 1945 Besitzer von Lomnitz. Deswegen war mein Mann durch Erzählungen seiner Kindheit von Lomnitz geprägt. Für mich war Lomnitz nur ein Begriff, nichts weiter. Wir waren ein befreundetes Pärchen. 1991 war bei mir die Schule gerade zu Ende, und mein Mann war Referendar in Berlin. Wir erfuhren über Umwege, daß das große Schloß Lomnitz, die Ruine, von der Gemeinde verkauft werden sollte. Berlin und Lomnitz sind ja nicht so weit voneinander entfernt. Wir fuhren mit unserem klapprigen, 35 Jahre alten Auto nach Lomnitz und sahen das Schloß. Es war völlig zerfallen. Aber der Tag war schön, ähnlich wie heute, und es hat uns irgendwie gefangen. Wir haben gedacht, laß uns das einfach beginnen. Dann sind wir, ohne auch nur ein Wort Polnisch zu sprechen, zur Gemeinde und haben dort mit Hilfe eines Dolmetschers verhandelt, wie der Kauf der Ruine vonstatten geht.«

1995 erwarben die von Küsters noch das kleine Schloß, den sogenannten Witwensitz, dazu. Seither konzentrierten sie sich auf seine Fertigstellung. In den letzten beiden Jahren ging es auch mit dem großen Schloß voran. So wurde das Dach mit Mitteln aus der deutsch-polnischen Stiftung neu gedeckt. Jetzt werden nach und nach neue Fenster eingebaut. Frau von Küster erzählt über die finanzielle und ideelle Hilfe durch den »Verein zur Pflege Schlesischer Kunst und Kultur« (VSK), der im Schloß seinen Sitz hat und hier eine Bibliothek unterhält. Ich frage sie über den neuen Verein »Monumenta Silesiae«, den sie mitbegründet hat.

»Dieser Verein versteht sich als Ergänzung zum Verein VSK. Er hat sich ganz konkret und ausschließlich der Erhaltung und Pflege von schlesischen Baudenkmälern verschrieben.«

Sie erzählt über die Ausstellung, die unter dem Titel »Schlesisches Elysium« über die Schlösser und die Parklandschaft im Hirschberger Tal vorbereitet wird.

»Diese Landschaft mit der Dichte der Schlösser, die mit ihren Parkanlagen fast aneinandergrenzen, ist in Mitteleuropa einmalig. Das hat man bei der UNESCO und in Warschau bereits erkannt. Mit der UNESCO als Schirmherrin veranstaltet jetzt das polnische Generaldenkmalamt schon zum dritten Mal Seminare zu diesem Thema.« Das vorletzte fand in Schloß Lomnitz selbst statt. Die Eröffnung der dritten Tagung, die gerade erst gewesen war, hatten wir auf ihre Anregung hin auf Schloß Buchwald mitgedreht.

Am nächsten Morgen ist das schöne, wenn auch extrem heiße Wetter vorbei. Wir haben unsere Sachen bereits in die Autos gepackt, wollen aber erst abfahren, wenn der starke Regen nachläßt. Ich nutze die Zeit zum Telefonieren. Einer von den am Breslauer Prominententisch vorgesehenen Teilnehmern kann nicht kommen. Horst Gleiss, mit seinem zehnbändigen Werk »Breslauer Apokalypse« *der* Chronist der schlesischen Hauptstadt, ist erkrankt. Ich rufe den Generalkonsul in Breslau an, um mir Rat zu holen. Er erklärt mir, daß er auch am vereinbarten Termin verhindert sei, weil er dringend nach Berlin müsse. Konsul Pröpstl, der mich gleich zurückruft, werde ihn vertreten.
Nach allen Telefonaten ist die neue Runde mit zwei prominenten Leuten ergänzt. Mit Professor Klaus-Dieter Lehmann, Präsident der Stiftung Preußischer Kulturbesitz, und dem ehemaligen Präsidenten des Niedersächsischen Landtages, Horst Milde. Beide kenne ich persönlich. Ich bin froh darüber, daß sie in Breslau sind und sich für das Interview gemeinsam mit drei Polen zur Verfügung stellen.

Es ist früher Nachmittag, und es regnet noch immer. Unser Ziel ist die Stiftung für Europäische Verständigung in Kreisau auf dem ehemaligen Gut des Grafen von Moltke. In Schweidnitz, der im Krieg unzerstörten Stadt mit ihren Sehenswürdigkeiten, fahren wir durch ohne Halt. Für den Film und mein Buch werde ich die Aufnahmen der berühmten Friedenskirche von 1995 verwenden. Ohne großes Licht könnten wir bei dem heutigen Wetter dort gar nicht drehen. Die Evangelische Friedenskirche in Schweidnitz hat wie ihre etwas kleinere Schwester in Jauer eine besondere Geschichte. Nach den demütigenden Auflagen der katholischen Landesherren von Schlesien, des Kaisers in Wien, mußte die Kirche 1652 in einem Jahr außerhalb der Stadtmauern und nur aus Holz und Lehm gebaut werden.

Seite 170/171: Die Friedenskirche in Schweidnitz, die größte Holzkirche Europas

In der vorgeschriebenen Bauzeit von nur einem Jahr entstand hier die größte Holzkirche Europas.

In Kreisau haben wir keine Verabredung. Wir wollen auch niemanden interviewen, sondern nur filmen, wie es jetzt hier aussieht. Eine Begleiterin schließt uns nach den regnerischen Außenaufnahmen im großen Hof die Tür zum Schloß auf. Die Renovierung ist hier wie in der ganzen Anlage abgeschlossen. Der Stuck, der noch 1995 in einzelnen Teilen in Regalen lag, ist im großen Saal wieder an der Decke angebracht worden. Wir filmen in den beiden benachbarten Räumen die Ausstellung, die an den »Kreisauer Kreis« und seinen Widerstand gegen das Hitlerregime erinnert. Für das Berghaus, das auf einem Hügel einige hundert Meter vom Schloß entfernt liegt, gibt man uns die Schlüssel mit. Wir öffnen die Türen zu den Räumen und zur großen Holzveranda. Ein eigenartiges Gefühl. Hier im Haus fanden die konspirativen Treffen der »Kreisauer« statt. Ihr Hauptziel war es, für Deutschland die Grundzüge einer geistigen, politischen und sozialen Neuordnung nach dem Ende des Hitlerregimes zu erarbeiten. Doch der Plan schlug fehl. Am 23. Januar 1945 wurde Helmuth James Graf von Moltke hingerichtet, mit einer Drahtschlinge im Gefängnis Plötzensee in Berlin erdrosselt. »Ich will, daß sie erhängt werden, aufgehängt wie Schlachtvieh«, hatte der Befehl des »Führers« gelautet.

Wir nähern uns dem Zobtengebirge, das sich mitten aus der Ebene erhebt. Aber alles bleibt bei dem Regen grau in grau. Der Kameramann will bei dem Wetter keinen Blick auf den Zobten drehen. Da müssen wir noch einmal herkommen, sagt er. Ich bitte ihn, es doch zu tun. Unsere Zeit in Breslau ist knapp bemessen. Der Zobten ist nun mal ein wichtiger Fleck auf der schlesischen Landkarte. Aus dem Namen der germanischen Silingen, die hier Anfang des ersten Jahrhunderts siedelten, entstand die Bezeichnung des Landes: Schlesien. Von der Stadt Zobten waren 1813 die freiwilligen Lützower Jäger, die gegen die Unterdrückung Napoleons kämpfen wollten, in die drei Kilometer entfernte evangelische Kirche von Rogau zu ihrer Einsegnung marschiert. 1995 hatten wir hier Deutsche aus Leipzig und Polen aus den beiden Orten gefilmt, die gemeinsam dieser Historie gedachten.

Als wir in Breslau am späten Nachmittag ankommen, regnet es noch immer. Wir verzichten deshalb auf Aufnahmen
vom Straßenumzug der Partnergemeinden der Jubiläums-
stadt. Spätabends um 23 Uhr soll auf der großen Bühne
am Ring vor der Elisabethkirche Carl Orffs »Carmina burana« mit einem großen Orchester und einem Chor aufgeführt werden. 350 Mitwirkende sollen es sein, hat Jacek
Gaczkowski herausgefunden. Hoffentlich bessert sich das
Wetter bis dahin. Wir wollen das künstlerische Großereignis unbedingt drehen und suchen nach einem günstigen
Standort für unsere Kamera. Unser polnischer Kollege findet die richtigen Leute. Wir dürfen später in den zweiten
Stock des Hauses, das der Bühne direkt gegenüberliegt und
in dem sich die Kultur- und Sportabteilung der Stadt befindet.

Zunächst besuche ich mit Jacek Gaczkowski die Malerin
Krzeslawa Maliszewska, die mir der Direktor der Breslau-
er Museen, Maciej Lagiewski, als Teilnehmerin der Inter-
viewrunde am Sonntag empfohlen hat. Sie hat ihr Atelier im
Dachgeschoß des Hauses direkt neben dem Restaurant
»Mona Liza«, wo wir das Gespräch drehen wollen. Frau
Maliszewska stammt aus Lemberg, im Frühjahr 2000 hat sie

Die Hochberg-
Loge in der
Friedenskirche
Schweidnitz

den Kulturpreis Schlesien des Landes Niedersachsen für ihr Werk erhalten. Jacek und ich gratulieren ihr.

»Wissen Sie, mein Deutsch ist nicht gut«, erklärt sie uns, »ich habe Angst vor dem Interview.«

Ich versuche sie zu beruhigen. »Das ist ja eine Aufzeichnung und nicht live. Wir können immer etwas wiederholen.«

Sie zeigt uns ihr Atelier voller Gemälde, vor allem mit Motiven von Mädchen und Frauen mit einer auffallend geraden Körperhaltung. Von hier oben gegenüber dem Rathaus bietet sich ein interessantes Bild auf den mit Menschen übersäten Ring. Die große Bühne an der Elisabethkirche wird jedoch vom Gebäude des neuen Rathauses verdeckt. Es ist nicht besonders reizvoll, von hier aus dieser Höhe zu drehen.

Wir sind rechtzeitig vor Beginn der mit Spannung erwarteten Aufführung der »Carmina burana« an unserem Drehplatz. In dem nicht sehr großen Raum mit seinen beiden Fenstern sind noch viele andere Interessierte, die unserer Kamera aber dankenswerterweise den besten Fensterplatz überlassen. Liegt es daran, daß die Breslauer stolz darauf sind, was sie alles für ihr Jubiläum auf die Beine stellen, und es gern anderen zeigen wollen? Ich bin sehr froh über diese Aufführung auf dem Ring. Der Chef von 3sat hat nach einer Diskussion mit der Musikredaktion auf die Live-Übertragung des Konzerts der New Yorker Philharmoniker verzichtet. Der Hauptgrund war, daß der Sender erst vor wenigen Monaten Bruckners 7. Sinfonie ausgestrahlt hatte.

Die »Carmina burana« beginnt. Gewaltig und eindringlich schallt die grandiose Musik über den Platz. Ich stehe hinter dem Kameramann und freue mich über diese Aufführung und das schöne Ambiente hier auf dem Breslauer Ring. Die Zuschauer unseres Films werden begeistert sein.

Samstag, 24. Juni 2000. Der zweite Tag des großen Millenniumsfestes. Um elf Uhr beginnt auf dem Ring die Heilige Messe. Alles, was Rang und Namen hat, sitzt heute hier vor der Hauptbühne, die zu einem Altar umgewidmet wurde. Über dem Dach erhebt sich ein goldenes Kreuz mit einem Christus mit ausgebreiteten Armen. In der ersten Reihe sit-

zen der polnische Präsident Aleksander Kwasniewski, der polnische Ministerpräsident Jerzy Buzek, der Sejmmarschall Maciej Plazynski. Unter Mitwirkung von 60 Kardinälen und Bischöfen aus Polen, Deutschland, der Tschechischen Republik und der Ukraine zelebriert der päpstliche Gesandte Kardinal Szoka die Messe. »Das Nachkriegsbreslau ist die Stadt der klugen Toleranz und der Ökumene«, übersetzt uns Jacek Gaczkowski die Worte des Breslauer Kardinals Henryk Gulbinowicz. »Breslau übt die Funktion wie der Schlußstein im Dom zwischen Polen und seinen Nachbarländern aus.«

Am Schluß der Messe ertönt die Melodie von »Tochter Zion, freue dich …«. Mir ist fast wie Weihnachten zumute. Die vielen politischen und geistlichen Würdenträger ziehen in langer Reihe zum Eingang des Rathauses, zur festlichen Sitzung des Stadtrates. Die Leute hinter den Absperrungen klatschen Beifall. Um 18 Uhr findet auf der großen Bühne das nächste Programm statt, das wir filmen wollen. Es singt und tanzt das Ensemble »Slask«. Bei seinen vielseitigen Darbietungen interessiert uns vor allem das Eigenständige. Die Frauen in ihren oberschlesischen Trachten mit dem auf-

Die große Bühne auf dem Breslauer Ring vor der Elisabethkirche wurde am 24. Juni 2000 zum Altar für die Heilige Messe

wendigen, bunten Kopfschmuck und die Männer in ihren Bergwerksuniformen.

Sonntag mittag. Meine Kollegen haben neben den Tischen vor dem Restaurant »Mona Liza« den Kran für die Kamera aufgebaut. Mit ihm sollen die Anfangssequenz, die Zwischenschnitte und die Schlußeinstellung des Breslauer Prominenteninterviews gefilmt werden. Diese Stelle haben wir uns ausgesucht, weil von hier der Blick auf die Kurfürstenseite und die Goldene-Becher-Seite des Rings mit der Ansicht des Alten Rathauses am schönsten ist. Die Umgebung unseres Gesprächs soll mit einbezogen werden. Zwei Tische haben wir in der Ecke der Umfriedung zusammengestellt. Zwar müssen wir auf strahlenden Sonnenschein verzichten, aber wenigstens ist es warm und trocken. Tausende von Breslauern und Touristen flanieren auf dem weiten Ring.

Auf der uns benachbarten Bühne vor der Millenniumsuhr am Sparkassenhaus dröhnt ein Soundcheck. Wir hoffen, daß er uns beim Gespräch nicht zu sehr in die Mikrofone fährt.

Um 12.45 Uhr sind alle eingeladenen Interviewteilnehmer am Platz. Die polnischen Vertreter sind die Malerin Maliszewska, der Direktor der Breslauer Museen, Lagiewski, und Professor Jonca von der Breslauer Universität. Weil die beiden Deutschen, Horst Milde und Professor Lehmann, bald zum Zug nach Berlin und Hannover müssen, beginne ich mit ihnen.

»Polnische und ehemalige deutsche Breslauer sitzen hier gemeinsam zur 1000-Jahr-Feier ihrer Stadt am Tisch. Herr Milde, was bedeutet für Sie dieses Ereignis?«

»Ich empfand es als eine Auszeichnung, an einem Geschehen teilnehmen zu dürfen, das nur einmal im Leben vorkommt. Die Tage hier, die Feierlichkeiten sind für mich unvergeßlich. Bei all dem, was ich hier erlebt habe, kommt die Kindheit in Erinnerung, die Jugend mit all dem Geschehen, das jeder Mensch in sich fühlt, der ein Gewissen und eine Seele hat. Die drei Tage hier haben in einer Würde stattgefunden, die man selten findet. Breslau hat alles aufgeboten, was möglich war. Für mich war es eine große Ehre, hier teilnehmen zu dürfen.«

»Was hat Sie dabei besonders beeindruckt?«

»Die Menschlichkeit, mit der miteinander umgegangen wurde. Das, was wir uns gegenseitig gesagt haben. Wenn der Oberbürgermeister der Stadt sagt, die Tore der Stadt stehen für Sie offen, dann ist das etwas, von dem man früher nur träumen konnte, und wenn die gleiche Aussage vom Marschall von Niederschlesien kommt, dann ist das etwas, was in der Politik sehr selten ist. Einen solchen Eindruck müssen wir weitergeben an die, die das nicht glauben und die das nicht wissen.«

Recht hat er, denke ich, das ist genau das, was ich mit den Filmen auch möchte.

»Wie beurteilen Sie als früherer Breslauer heute den Ring?«

»In meinen Augen war er noch nie so schön wie heute. Voller Farbe, voller Fröhlichkeit, voller Leben.«

»Wie sehen Sie Schlesiens Zukunft?«

»Ich sehe die Zukunft optimistisch, weil ich das Bewußtsein habe, daß die heutigen polnischen Bewohner Schlesiens den Willen haben, Schlesien zu einem Land zu entwickeln, das in Europa mustergültig ist. Wer mit offenen Augen durch die Stadt geht oder auch durch Schlesien fährt, der merkt und sieht das. Das gibt uns die Hoffnung, daß es auch weiterhin gutgehen wird.«

Gesprächsrunde am Breslauer Ring. Von links nach rechts: Krzesława Maliszewska, Karol Jonca (verdeckt), Horst Milde, Ekkehard Kuhn, Klaus-Dieter Lehmann und Maciej Lagiewski

An Horst Milde, der in seinem Amt als Landtagspräsident in Niedersachsen viel für seine Heimatstadt Breslau getan hat, richte ich die letzte Frage.

»Was würden Sie gerne noch weiter bewegen?«

Er nennt den Schüleraustausch, die Schulpartnerschaften.

»Hier ist schon viel geschehen. Aber sie müssen noch intensiver wahrgenommen werden. Auch unter größerem Einsatz von Mitteln.«

Ich wende mich an Professor Klaus-Dieter Lehmann, den Präsidenten der Stiftung Preußischer Kulturbesitz, und frage ihn, was ihm das Jahrtausendfest bedeutet.

»Für mich war es der erste Anlaß, nachdem ich im Januar 1945 Breslau verlassen mußte – eine Stadt, die in Trümmern lag und in Flammen stand –, wieder zurückzukommen, und es ist erstaunlich, was aus dieser Stadt wieder geworden ist. Es ist eine junge Stadt, eine offene Stadt. Das ist ein sehr positives Erlebnis.«

»Was war ihr stärkster Eindruck in diesen drei Tagen?«

»Mir hat am besten gefallen, daß man auf der einen Seite in den Veranstaltungen erreicht hat, wirklich diejenigen, die sich um Schlesien in der deutschen und in der polnischen Zeit verdient gemacht haben, zu würdigen, und auf der anderen Seite war es ein riesiges Volksfest, an dem alle teilgenommen haben. Diese Verbindung scheint mir am besten geeignet, wirklich Identitäten zu schaffen.«

»Der Beitrag der Schlesier für Preußen und Deutschland war außerordentlich groß, ärgert es Sie als Präsident der Stiftung Preußischer Kulturbesitz, daß man in Deutschland Schlesien so vergessen hat?«

»Wir haben durch die Nazigreuel die Fähigkeit verloren, wirklich hinter die Zeit von 1945 zu sehen. Deshalb behalten wir auch den Namen Preußische Stiftung, um das zu zeigen. Inzwischen haben wir wieder ganz viele Verbindungen zu Schlesien aufgebaut. Kultur ist das zentrale Wort. Wir sind ein Kulturraum.«

»Die Beziehungen zwischen Berlin und Schlesien waren besonders eng. Vom Schlesischen Bahnhof in Berlin fuhr man ins Riesengebirge. Jetzt scheut man sich, den Bahnhof wieder so zu benennen. Wie stehen Sie zu dem Thema?«

»Ich bin da sehr viel unbefangener. Ich glaube, daß er wieder Schlesischer Bahnhof heißen könnte. Die Polen sind inzwischen sehr stark auf Berlin fixiert. Ich denke, wir müssen in Berlin daran arbeiten, daß wir uns auch auf Breslau ausrichten. Dann kann das wieder eine gemeinsame Basis werden, die beide Seiten enorm befruchtet. Schlesien war ja immer Mittlerland. Jetzt müssen die Polen und die Berliner wieder für diese Mittlerfunktion sorgen.«

»Es sollte einen schnellen Zug geben, der die beiden Städte miteinander verbindet«, schlage ich vor.

»Das könnte durchaus wieder kommen. Früher hieß es tatsächlich immer, die Berliner seien im Grunde Breslauer. Ich bin ja auch jemand, der nun in Berlin ist und den Umweg über Frankfurt am Main gemacht hat. Ich kann mir vorstellen, daß die Faszination von Berlin viele Polen anzieht. Wir sind in einem gemeinsamen Europa. Der DM-Bürger ist es ja nicht allein. Es ist die Kultur, die uns verbindet, und Breslau hat davon wieder sehr viel zu bieten und ist insofern wirklich ein interessanter Partner.«

Klaus-Dieter Lehmann habe ich schon in seiner Zeit als Direktor der Deutschen Bibliothek in Frankfurt am Main kennengelernt. Wir haben gemeinsame Freunde. Als er seine neue Aufgabe in Berlin mit den vielen Museen der Stadt bekam, habe ich mich sehr darüber gefreut. Er ist nun der Mann mit den größten Schätzen in Deutschland, man denke nur an das Pergamon-Museum auf der Museumsinsel in Berlin.

Wir unterbrechen das Interview, um das Ehepaar Lehmann zu verabschieden. Horst Milde hat inzwischen beschlossen, erst einen späteren Zug zu nehmen.

Ich wende mich an Frau Maliszewska.

»Sie sind Vertriebene aus Lemberg und heute Breslauerin. Haben Sie noch Sehnsucht nach ihrer ersten Heimat?«

»Damals in Lemberg war ich ganz jung. Für mich ist jetzt Breslau meine Heimat.«

»Sie wohnen hier am Ring, direkt nebenan. Wie beurteilen Sie das Aussehen des Rings?«

»1947 bin ich von Schweidnitz hierher nach Breslau gekommen. Da waren hier überall die Ruinen. Da habe ich nicht gedacht, daß ich einmal in diesem Haus wohnen werde.«

»Was war ihr schönstes Erlebnis bei dem Fest?«

»Gestern, diese ökumenische Messe. Das war so schön. Wie in einem vereinten Europa. Alle Religionen waren zusammen um den Altar.«

An Professor Jonca, der soviel über die Stadt weiß und geschrieben hat, richte ich eine ganz spezielle Frage.

»Haben Sie damals, als Sie das zerstörte Breslau erlebt haben, überhaupt geglaubt, daß Breslau wieder in dieser Art entsteht und so eine vitale und schöne Stadt wird?«

»Ehrlich gesagt, habe ich nicht geglaubt, daß es so aufgebaut wird. Ich habe noch die Wehrmachtsberichte im Jahr 1945 gehört. Meine Freunde aus Breslau sagten, die Stadt besteht nicht mehr. Ich war zum ersten Mal 1948 wieder in Breslau. Ich sah die Ruinen. Es sah so aus, als könne man sie erst in hundert Jahren wiederaufbauen. Daß es wieder so aussehen würde wie heute, habe ich damals nicht geglaubt. Das sage ich ganz ehrlich.«

»Wem ist es denn zu verdanken, daß der Ring wieder so schön ist?« will ich von dem polnischen Breslauer wissen.

Er verweist auf die Architekten der Nachkriegszeit. Auf Professor Dombrowski, der schon in den fünfziger Jahren einen Plan gehabt habe, die ganze Altstadt im früheren Stil wiederaufzubauen.

Zum Schluß richte ich meine Standardfrage an Maciej Lagiewski, den Direktor der Breslauer Museen, der sein Büro im historischen Rathaus hat.

»Was war ihr schönstes Erlebnis in diesen Tagen?«

»Die Veranstaltung im Rathaus, dieser Festakt war der wichtigste Punkt für mich. Dieses Treffen mit allen Völkern. Da waren nicht nur Deutsche und Polen, sondern Amerikaner, Belgier, Leute aus der Ukraine und anderen Ländern. Breslau hat sich als europäische Stadt präsentiert.«

Ich konfrontiere ihn mit der Tatsache, daß in Deutschland viele Leute glauben, daß es Schlesien gar nicht mehr gibt.

»Was sagen Sie diesen Leuten als polnischer Schlesier?«

»Meine Generation betrachtet Schlesien als unser Land mit der ganzen Geschichte. Deshalb bemühen wir uns heute darum, die Museumsgegenstände, die von hier nach Warschau gebracht worden sind, zurückzubekommen. Wir sind Nachkriegsschlesier. Wir stehen in der Nachfolge, deshalb betrachten wir den Nachlaß aus den vielen Epochen als nach Schlesien gehörig.«

Ich spreche ihn speziell in seiner Funktion als Direktor der Breslauer Museen an.

Er verweist auf eine große Ausstellung im Jahr 2001, für die er verantwortlich ist.

»Wir möchten im königlichen Schloß, im Spätgen-Palais eine Synthese von tausend Jahren Stadtgeschichte zeigen. Ich glaube, das wird eine große Überraschung für alle ehemaligen und alle heutigen Schlesier.«

»Vielleicht noch ein abschließendes Wort, eine Botschaft von Ihnen?« bitte ich.

»Ich möchte nicht nur die ehemaligen Breslauer, nicht nur die Europäer, ich möchte alle Menschen einladen, Breslau zu besuchen. Breslau hat große Vorzüge, das haben Sie in diesen paar Tagen persönlich gesehen.«

Am Nachmittag fahren wir mit Stefan Brauburger, der seit Freitag abend wieder in Breslau dabei ist, seinen Eltern und dem Team nach Klein-Zöllnig. Aus diesem Dorf, das rund 40 Kilometer östlich von Beslau liegt, stammt seine Mutter. Von dort ist ihre Familie im eisigen Januar 1945 nach Westen geflohen. Die Flucht aus der Heimat ist ein wichtiges Kapitel ihrer Erzählung im Interview gewesen.

Unsere Ankunft mit drei Autos und so vielen Leuten ist am Sonntag nachmittag für die Bewohner des kleines Ortes, die uns verwundert hinterherschauen, eine kleine Sensation. Wir halten am Platz vor der Kirche. Jacek Gaczkowski übersetzt. In kurzer Zeit sind wir in der Kirche. Frau Brauburger weist auf Details hin, erinnert sich an Erlebnisse in dem Gotteshaus ihrer frühen Kindheit. Oft spricht sie dabei ihren Mann und ihren Sohn an, für die die familiengeschichtlichen Zusammenhänge besonders interessant sind. Nur wenige Schritte sind es zum ehemaligen Schulhaus, in dem sie geboren wurde und in dem ihr Vater Lehrer war. Es gibt viele Parallelen zu meiner Herkunft, nur ist dieses Haus kleiner und wurde nicht mit Wohnungen aufgestockt wie die Schule in meinem Heimatort. Die Leute, die jetzt hier wohnen und die Frau Brauburger vor vielen Jahren schon einmal besucht hat, bitten die unerwarteten Gäste die Treppe hoch. Jacek und ich gehen nach. In dem Zimmer, in dem

Stefans Mutter geboren ist, steht ein gemauerter Kachel-
ofen in der Ecke, wie früher bei uns vor und nach dem
Krieg. In den schlesischen Dörfern scheint die Zeit stehen-
geblieben zu sein. Nur der Fernseher vor dem Fenster verrät die heutige technisierte Welt.

Wir gehen durch den Ort, suchen bestimmte Häuser, An-
haltspunkte für den Dreh im kommenden Winter, wenn hier
Schnee liegt. Die sechs Flucht-Sendungen sind um ein Jahr
verschoben worden. So ist dieser Nachdreh noch möglich.
Auf der Rückfahrt von Klein-Zöllnig machen wir kurz Station in Oels. Mit 35 000 Einwohnern ist es die größte Stadt
Niederschlesiens östlich der Oder. Wir halten vor dem
Schloß, das nach der Auskunft des Dumont-Reiseführers
»zu den besterhaltenen profanen Bauwerken der Renaissance in ganz Schlesien« zählt. In Oels war ich im Gegensatz zu vielen wichtigen schlesischen Orten noch nie. Wir
laufen um das große Schloß mit seinem schönen Eingangs-
tor und den vielen Renaissancegiebeln. Sein Turm mit der
Ballustrade und dem barocken Helm erinnert mich an den
Rathausturm meiner Heimatstadt Görlitz. Die Sonne
scheint jetzt am frühen Abend auf die Rückseite des Schlosses, das in einem wenig gepflegten Park steht. Eine Besichtigung des Gebäudes, das mit seinem Innenhof an den Kra-
kauer Wawel erinnern soll, ist zu dieser späten Stunde nicht
mehr möglich.

Auf der Bühne vor der Millenniumsuhr ertönt die Musik
der Rockgruppe Kayah. Das Publikum davor besteht zumeist aus jungen Leuten. In der Nähe unserer Kamera stehen Väter, die ihre Kinder auf den Schultern tragen. Ihre
Sprößlinge gehen begeistert wie die Eltern mit der Musik
mit. Sie bewegen sich in ihrem Rhythmus, singen gekonnt
die Texte der Lieder. Die Gruppe scheint besonders bekannt und beliebt zu sein. Eine Stunde vor Mitternacht
beginnt zum Abschluß des dreitägigen Festes das Feuer-
werk auf dem Ring. Die Raketen zünden über den spitzen
Giebeln der Naschmarkt-Seite die unterschiedlichsten Formen. Zum Glitzerwerk am dunkelblauen Himmel dröhnt
abwechselnd klassische oder Popmusik aus den Lautspre-
chern. Die dichtstehenden Menschen kommentieren mit
Ausrufen besonders auffällige Raketen.

Irgendwie bin ich traurig darüber, daß die große und schöne Feier, zu der sich so viele Menschen zusammengefunden haben, nun vorbei sein soll. Für mich als Schlesier war es ein ganz besonderes Erlebnis, hier dabeizusein, auch wenn ich selbst kein Breslauer, sondern Görlitzer bin. Aber Breslau ist für mich mit seiner besonderen Geschichte, der vielfältigen Bausubstanz und der Vitalität ihrer Einwohner die interessanteste Stadt in Schlesien.

Kein einziger Zwischenfall hat den Genuß der drei Tage getrübt. Selbst im größten Gedränge gab es nicht eine einzige befremdende, ruppige Szene, auch wenn wir immer durch unser Reden oder durch unsere Kamera als Deutsche zu erkennen waren. Das Verhältnis zwischen Polen und Deutschen ist heute sichtbar so entspannt, als hätte es den deutschen Überfall auf Polen, die Kriegsgreuel und Deportationen und anschließende Vertreibung der Deutschen nie gegeben. Die Erlebnisse in Breslau lassen mich weiter für eine positive Zukunft Schlesiens hoffen.

Das Renaissance-schloß in Oels

Am nächsten Tag drehen wir im Rathaus. Zuerst in seinem Remter, dem großen Saal. Der Remter im ersten Stock gehört zu den schönsten gotischen Räumen in Mitteleuropa. Dieser helle Saal ist durch Pfeiler und Arkaden in drei Schiffe gegliedert. Sein Netzgewölbe endet in schönen Schlußsteinen mit unterschiedlichen Motiven. Besonders auffallend ist das spätgotische Portal aus dem Jahre 1485, das zum Fürstensaal führt. Im Giebelfeld zeigt es den schlesischen Adler, den böhmischen, doppelschwänzigen Löwen und den Kopf des Evangelisten Johannes.

Der Fürstensaal mit seinem Kreuzrippengewölbe stammt schon aus dem Jahre 1345 und war von 1610 bis 1740 Sitzungssaal für die schlesischen Land- und Fürstentage. Hier leisteten die Breslauer und die schlesischen Stände Friedrich dem Großen den Treueeid, eine Szene, die durch das Gemälde des schlesischen Künstlers Adolph von Menzel bekannt wurde. 1992 kehrte eine aus dem 16. Jahrhundert stammende Tafel an ihren ursprünglichen Platz hier im Saal zurück, die wegen ihrer deutschen Inschrift 1945 von den Polen entfernt worden war:

Glücklich die Stadt, welche im Frieden den Krieg fürchtet.
Unglücklich die Stadt, welche im Frieden den Krieg herbeiwünscht.

Ein Spruch, den Breslau in seiner langen Geschichte beherzigt hat. Diejenigen, die die Kriege anstifteten, in die die Stadt hineingezogen wurde, kamen nicht von hier.

Im Bürgersaal im Erdgeschoß des Rathauses stehen seit wenigen Jahren an den Mittelpfeilern und der Ostwand Büsten von berühmten Breslauer Bürgern: der Dichter Karl von Holtei, der viele Werke im schlesischen Dialekt geschrieben hat; Edith Stein, die jüdische Philosophin, die im KZ Auschwitz sterben mußte; Ferdinand Lassalle, der den »Allgemeinen deutschen Arbeiterverein«, den Vorläufer der Sozialdemokratie, gegründet hat. Der Maler, Zeichner und Grafiker Adolph von Menzel; der Dichter und Nobelpreisträger Gerhart Hauptmann, der zwar nicht in Breslau geboren ist, aber zum Inbegriff eines schöpferischen, hei-

Der dreischiffige gotische Remter im ersten Stock des Rathauses

Die Südseite des Rathauses mit dem Mittelerker

matverbundenen und weltoffenen Schlesiers wurde. Der Physiker und Nobelpreisträger Max Born. Carl Gotthard Langhans, der in Berlin das Brandenburger Tor erbaute; der Industrielle August Borsig. Der Bildhauer Theodor von Gosen.

Rechte Seite oben:
Die »Grüne-Röhr-Seite« des Breslauer Rings im Osten

Rechte Seite unten:
Café auf der »Naschmarkt-Seite« des Rings im Norden

Wir fahren zur Villa Colonia in der Ulica Rapackiego 14, der früheren Kaiser-Friedrich-Straße, in den Südwesten der Stadt. Hier wurde am Sonntag, dem 6. Mai 1945, die Kapitulationsurkunde der Festung Breslau unterschrieben. Danach geht es weiter zum Freiburger Bahnhof, von dem im Januar 1945 die Züge mit den flüchtenden Bewohnern und nur wenige Monate später die Züge mit den Breslauern abfuhren, die aus ihrer Heimatstadt vertrieben wurden. Orte, die an das Geschehen in der geschlagenen Stadt erinnern.
Mit dem Lift fahren wir auf den östlichen Turm des Domes. Von hier bietet sich das weite Bild der schlesischen Stadt links und rechts der Oder. Der Schicksalsfluß von Breslau, der hier direkt unter uns die Sandinsel umfließt und über den sich viele Brücken spannen. Wir sehen die zahlreichen

Brytyjski Dom Handlowy
WYPRZEDAŻ
Piast

KAWIARNIA
POD SŁODKĄ BORÓWKĄ
LECH PREMIUM PUB
Pod słodką Borówka
Cukiernia
ŻYWIEC

Türme und Kirchdächer der Stadt. Allein im Innenbereich von Breslau gibt es mehr als fünfzig Kirchen. Auch können wir das unterschiedliche Schicksal der Stadtteile von hier oben nachvollziehen: der Osten und der Norden, die weitgehend vom Krieg verschont und in der Bausubstanz erhalten blieben, der Süden und der Westen mit ihren Hochhäusern, die auf den vom Kriege zerstörten Flächen entstanden sind.

Unter den vielen Sehenswürdigkeiten rangiert die Jahrhunderthalle, die heute Volkshalle heißt, nach dem Ring, dem Dom und der Schweidnitzer Straße gleich auf Platz vier. Die Jahrhunderthalle im Südosten der Stadt wurde 1913 zur 100-Jahr-Feier der Erhebung gegen Napoleon errichtet, die von Breslau ausging. Sie war zu dieser Zeit der größte Kuppelbau der Welt aus Stahlbeton. Jacek Gaczkowski besorgt während der Außenaufnahmen der Halle die Drehgenehmigung für innen.

Wir alle sind zum ersten Mal in diesem Riesenrund mit seinen mehr als 5000 Sitzplätzen. Am kommenden Donnerstag werden Stefan Brauburger und ich hier die New Yorker Philharmoniker mit ihrem Dirigenten Kurt Masur erleben. Die Halle, die gerade dafür vorbereitet wird, läßt uns schon jetzt die Spannung auf dieses Großereignis spüren. Die anderen Kollegen interessieren sich weniger für klassische Musik, ihnen war auch der Eintritt von 180 Zloty, das sind 90 DM, zu teuer. Für polnische Durchschnittsverdienste von 850 DM monatlich ist das ein horrender Preis. Ich bin gespannt, ob die Halle am Donnerstag voll sein wird. Stefan und ich suchen unsere Plätze im sogenannten Amfiteatr, im größten ansteigenden Teil der Halle. Die Karten für die ebene Fläche hätten noch 50 DM mehr gekostet. Wir wissen nicht, wie auf unseren Plätzen die Akustik sein wird, aber wir schauen von hier auf das interessante, weite Rund und sitzen dem Orchester direkt gegenüber.

Anschließend besuchen und filmen wir die Ausstellung »Moje miasto«, meine Stadt, die seit einigen Wochen auf dem Messegelände neben der Jahrhunderthalle läuft und die Nachkriegsgeschichte von Breslau zeigt. Am Eingang links hängen Großfotos von den Ruinen der Stadt. Rechts sieht man Bilder vom unzerstörten Lemberg, aus dem so viele heutige Breslauer stammen. An den Wänden sollen alle

Seite 188/189:
Blick vom Dom
über die
Oder Richtung
Westen

Namen der 650 000 Einwohner von Wroclaw stehen. Außerdem gibt es viele Requisiten, Fotos und Filme aus der Zeit von 1945 bis heute. Leider ist die Beschriftung der Ausstellung nur polnisch. Auch der Katalog. Die Ausstellung im Schloß, die sich im nächsten Jahr allen Epochen Breslaus widmen wird, soll auch deutsch und englisch untertitelt werden. Das hat uns Maciej Lagiewski, der für sie verantwortlich ist, nach unserem Fernsehinterview erzählt. Kurz vor dem Ende der Ausstellung wird eine Wohnstube gezeigt, in der bis zur Kniehöhe das Wasser steht. Ein Fernsehgerät zeigt Aufnahmen vom verheerenden Hochwasser in Breslau 1997.

Am nächsten Tag fahren wir zum früheren Benderplatz 22 in Breslau-Odertor. Hier hat bis zum 27. Juli 1945 Horst Gleiss gewohnt, der später zum großen Chronisten von Breslau wurde. Er ist unser spezieller Fachberater für unsere Schlesiensendung zur Fluchtserie mit dem Arbeitstitel »Festung Breslau«. Aber er ist auch ein wichtiger Zeitzeuge. Das lange Interview mit ihm haben wir schon Anfang Mai in München aufgenommen. Anfang Juni war ich mit

Die Jahrhunderthalle von Breslau zwischen Zoo und Scheitniger Park

*Rechte Seite
oben:
Die ehemalige
Kaiserbrücke
in Breslau*

*Rechte Seite
unten:
Das frühere
Provinzial-
regierungs-
gebäude von
1937, jetzt Sitz
der Wojewod-
schaftsverwal-
tung von
Niederschlesien*

ihm allein an den Breslauer Schauplätzen der Vergangenheit. Jetzt stehe ich mit dem Team vor seinem Haus und zeige von unten die Wohnung im dritten Stock des Hauses mit dem Balkon, die im Zusammenhang mit der Straße und dem Platz gefilmt wird. Der Eingang zum Haus, der gleichzeitig der Durchgang zum Hof ist, entsetzt meine Kollegen. Ich hatte den schlimmen Zustand schon Anfang Juni gesehen. Der Putz an den Wänden ist bis auf die Ziegel abgeschlagen oder abgefallen. Auch der Hinterhof zeigt das graue Bild. Seit vielen Jahrzehnten wurde hier nichts saniert.

Wir drehen im Treppenhaus. Hier führten die Stufen zum Keller hinab, in dem die Familien des Hauses wie die übrigen Breslauer den größten Teil der Festungszeit mit ihren Flieger- und Granatangriffen verbringen mußten. Auf dem Monitor sieht das Treppenhaus mit seinem Geländer um den Lichthof viel besser aus als in Wirklichkeit.

Ich führe meine Kollegen zu weiteren Stellen der damaligen Wirklichkeit der Festungsstadt. Auf dem Benderplatz gab es im Frühjahr 1945 schon mehr als tausend Gräber, weil die Friedhöfe der Stadt in Gebieten lagen, die von der Roten Armee besetzt waren. Im Haus Vinzenzstraße 4 hatte eine sowjetische Granate drei Menschen zerrissen. Noch heute tief betroffen, hat uns Horst Gleiss davon im Interview erzählt. Anfang Juni hat er mir die Stelle gezeigt, wo er die Überreste der Getöteten, darunter ein Mädchen, das er gut kannte, zusammensuchen mußte.

Anschließend fahren wir zur Kaiserbrücke, die seit ihrem Wiederaufbau 1947 Grunwaldzki-Brücke heißt. Von hier haben wir einen schönen Blick über die Oder mit den Kirchen der Sand- und Dominsel. Wir drehen bei ausgezeichnetem Wetter diese imposante Brücke für beide Filme. Von hier bis zum Scheitniger Stern wurde im Frühjahr 1945 auf Befehl von Hitler und Hanke der Behelfsflugplatz gebaut, der mehr als 13 000 Menschen das Leben kostete. Ein völlig unsinniges Blutvergießen.

Zwischen Kaiserbrücke und Lessingbrücke dehnt sich das dreistöckige in seiner Breite monumentale ehemalige Provinzialregierungsgebäude, das 1937 im Stil des »Dritten Reiches« errichtet wurde. Heute ist hier der Sitz der Wojewodschaftsverwaltung von Niederschlesien.

Große Drehreise im Juni und Juli 2000   193

*Die Ostfront
des Breslauer
Doms. Links
die Elisabeth-
kapelle, in der
Mitte die
Marienkapelle,
rechts die Kur-
fürstenkapelle*

Nach diesen neueren großstädtischen Motiven führt unser Weg zum Dom. Bei strahlendem Sonnenschein muß es in dessen Innerem hell genug für Innenaufnahmen sein. Nach einigen Außeneinstellungen klingele ich an dem schmiede-eisernen Tor im rechten Domschiff nach Schwester Silvina, die schon nach wenigen Augenblicken aus der Sakristei kommt. Sie erlaubt uns, nach dem Domschiff auch die Eli-sabeth- und die Kurfürstenkapelle zu drehen.

Das Sonnenlicht draußen ermöglicht eindrucksvolle Auf-nahmen des Riesenraums, die ich auf dem Monitor begut-achte. Ich bin sehr froh darüber, den Zuschauern diesen Ge-samteindruck zeigen zu können. Die moderne Videokamera macht es im Zusammenspiel mit dem sonnigen Wetter mög-lich. Meine Fotokamera hat im großen Dom keine Chance. Später, in der Elisabeth- und in der Kurfürstenkapelle, benötigen wir Lampen, um die barocke Pracht zum Strah-len zu bringen. Es sind die beiden schönsten und kulturhi-storisch bedeutendsten der zwanzig Kapellen, die die drei Domschiffe wie ein Kranz umgeben.

Unseren vorletzten Drehtag in Breslau beginnen wir mit der neuen Gedenktafel für Karl von Holtei in der ehemaligen Büttnerstraße. Von ihrer aufwendigen Gestaltung in hellem Marmor bin ich völlig überrascht. Um die Büste des Dichters gemeißelt steht in Polnisch und Deutsch:

Hier wohnte im Haus zu den Bergen in den Jahren 1865–1876 Karl von Holtei, schlesischer Dichter, Schauspieler, Theaterdramaturg in Breslau, Berlin und Riga, großer Freund der Polen. Sein Grabdenkmal schmückte einst eine Inschrift in schlesischem Dialekt: »Suste nischt ack heem, sonst weiter nichts als heim.«

1798–1880 Karl von Holtei

In der berühmten Aula Leopoldina der Breslauer Universität dürfen wir ohne offizielle Drehgenehmigung filmen, wenn wir kein Stativ benutzen. Für unseren Kameramann ist das kein Problem. Ich bin sehr dankbar für diese schnelle Lösung. 1995 mußten wir 600 DM für die Genehmigung bezahlen. Wieder bin ich von dem grandiosen Zusammenspiel von Architektur, Bildhauerei und Malerei in diesem Raum beeindruckt. Die 1997 gestohlenen Gemälde der Aula sind inzwischen bis auf eines schon durch Kopien ersetzt. Nur zwei Gemälde sind noch die alten. Wir schauen in die Universitätskirche, die Ende des 17. Jahrhunderts an der Stelle der ehemaligen Fürstenburg gebaut wurde. Die schönste Breslauer Barockkirche hat wie durch ein Wunder den Krieg unversehrt überstanden. Ihr gegenüber liegt das ebenfalls barocke Haus des ehemaligen St.-Joseph-Konvikts der Jesuiten, von denen die gesamte Anlage der Universität stammt. Seit 1813 ist es auch als Steffens-Haus bekannt, weil hier der Rektor der

Die barocke Elisabethkapelle des Breslauer Doms

Das barocke Universitätsgebäude von Breslau an der Oder

Die Aula Leopoldina der Universität

Barocker Zusammenklang: die Universitätskirche mit dem früheren St.-Joseph-Konvikts

Häuserpartie an der Oder. Rechts das barocke Gebäude des früheren Matthias-Gymnasiums, in dem jetzt die Ossolinski-Bibliothek untergebracht ist

Rechte Seite
oben:
Die Alte Börse
am Salzplatz,
links im Hin-
tergrund das
Palais Spätgen
vom ehemaligen
Schloß

Rechte Seite
unten:
Straßenpartie
zur Breslauer
Oper

Universität, Henrik Steffens, die Studenten zum Freiheits-
kampf gegen Napoleon aufrief.

Wir gehen an der Oderfront entlang in Richtung der Sand-
brücke und filmen unterwegs das auffällige barocke Gebäude des ehemaligen Matthias-Gymnasiums mit seinen beiden
Giebeln und der großen Kuppel in der Mitte. Früher waren
hier viele bedeutende Schlesier einmal Schüler, zum Beispiel Joseph Freiherr von Eichendorff. Heute ist in den
Räumen die aus Lemberg überführte Ossolinski-Bibliothek
untergebracht. Weiter geht es zur Markthalle, einem impo-
nierenden Betonbau aus dem Jahre 1907, der auch heute
noch seiner ursprünglichen Bestimmung dient. Der Domi-
nikanerplatz ist mit seinen vielen Kränen heute so etwas wie
der Potsdamer Platz für Berlin. Hier entsteht ein großes
Einkaufszentrum. In seiner schon hochgezogenen Glasfas-
sade spiegelt sich die gotische Adalbertkirche mit ihrem
schlanken Turm und dem barocken Anbau der Sankt-Ces-
laus-Kapelle. Zu den gotischen und barocken Bauten Breslaus gesellt sich zunehmend ein postmoderner Akzent. Ein
Kontrast, der – wie mir scheint – durchaus zum heutigen
Breslau paßt.

Um das Wetter auszunutzen, eilen wir von Station zu Station. Über den Ring und den Salzmarkt zum Schloß. Dann
zur belebten Schweidnitzer Straße mit der Oper, die noch
immer renoviert wird. Zum Hauptbahnhof, den wir noch

Im neuen
Einkaufs-
zentrum am
Dominikaner-
platz spiegeln
sich die
gotische
Adalbertkirche
und die barocke
Ceslaus-
Kapelle

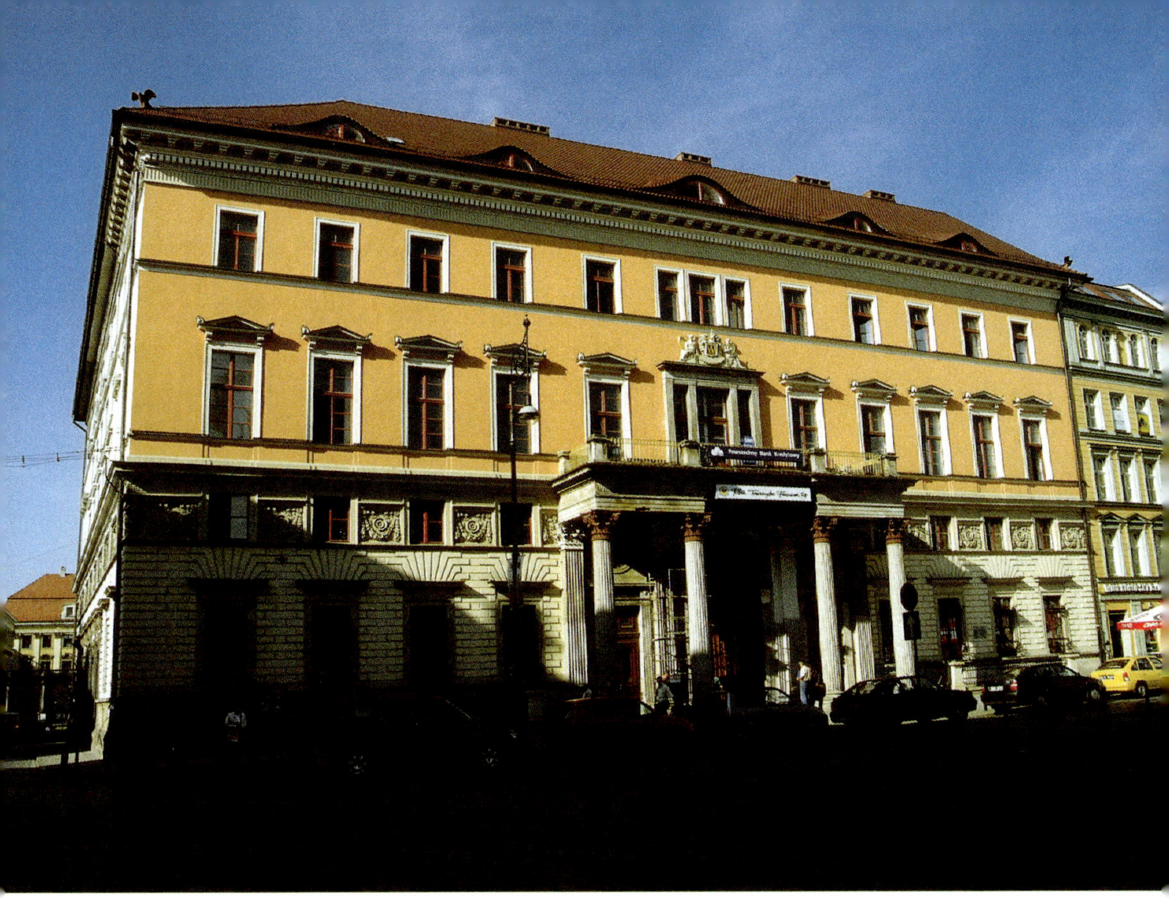

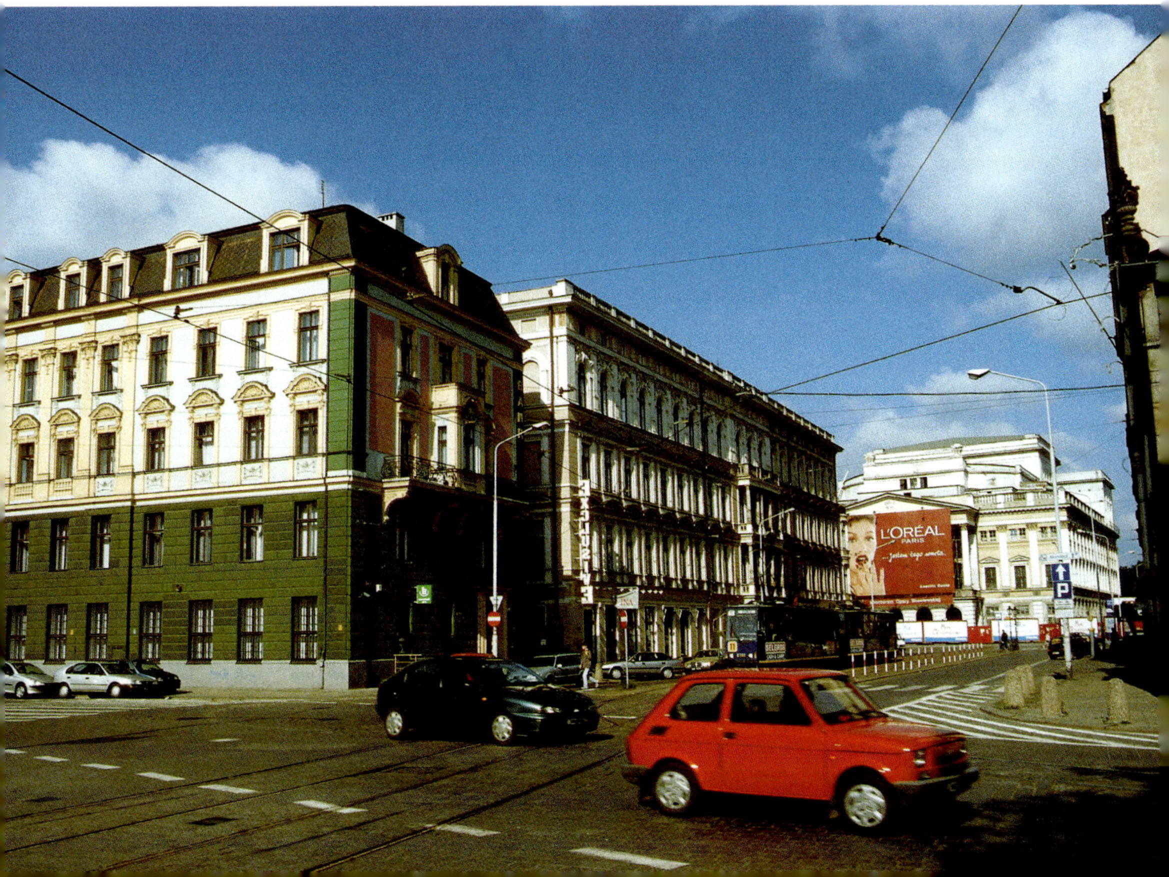
L'ORÉAL
PARIS

*Der Haupt-
bahnhof
in Breslau*

*Rechte Seite:
Die gotische
Maria-Magda-
lenen-Kirche*

*Seite 200/201:
Die Schweid-
nitzer Straße,
die Haupt-
geschäftsstraße
von Breslau,
die auch heute
noch so heißt*

nicht gedreht haben. Mit ihm wurde der großstädtische Charakter von Breslau schon im 19. Jahrhundert betont. 1855 bis 1857 ist er im neugotischen, englischen Tudorstil entstanden. Er gehörte lange Zeit zu den größten und modernsten in Deutschland. Seine 200 Meter breite Hauptfassade wird durch drei Vorsprünge gegliedert, von denen der mittlere mit zwei Uhrtürmen flankiert ist. Auf dem Rückweg passieren wir die Maria-Magdalenen-Kirche mit ihrer wuchtigen Backsteingotik. Ihre beiden Türme waren früher höher und mit einer Arkade verbunden. In dieser Kirche hatte 1523 die Reformation in Schlesien begonnen. Heute gehört sie den Altkatholiken von Breslau. In dieser dreischiffigen Kirche mit ihrer guten Akustik habe ich im Juni 1998 den ersten Akt von »Tosca« erlebt. An der Südseite der Kirche bewundern wir das romanische Portal, das aus dem später abgerissenen Vinzenzkloster auf dem Elbing stammt und Anfang des 16. Jahrhunderts hier eingefügt wurde.

Am Abend fahren wir erwartungsvoll zum Konzert mit den New Yorker Philharmonikern in der Jahrhunderthalle.

Meine Frau ist zu diesem Ereignis mit einem befreundeten Ehepaar aus Mainz angereist. Die Halle ist wenige Minuten vor 19 Uhr noch nicht voll besetzt. Deshalb werden, wie ich vorher erfahren habe, für die freien Plätze Musikstudenten eingelassen. Ein seltsames Geräusch will nicht aufhören. Was ist das? Die Klimaanlage? Warum läßt sich das nicht abstellen? Der Dirigent Kurt Masur schaut zur linken Seite, wo die Störung herkommt. Nichts passiert. Was wird er tun?

Er beginnt das Konzert, obwohl das Geräusch noch andauert. Die Akademische Festouvertüre von Brahms. Ein hervorragendes Orchester. Doch die leiseren Stellen sind mit der anhaltenden Tonstörung eine Qual. Klassische Musik mit Klimaanlage. Es ist eine Katastrophe.

»Was bin ich froh, daß 3sat das Konzert nicht übertragen wollte«, flüstere ich meiner Frau ins Ohr.

Nach der Pause ist zum Glück alles anders. Bruckners 7. Sinfonie. Nie hätte ich gedacht, daß 5000 Menschen in dieser riesigen Halle so still sein können. Kurt Masur hat mit seinen Musikern die Menschen in der Halle verzaubert. Nach dem Debakel am Anfang empfinde ich es wie eine Erlösung. Standing ovations nach diesem Werk von 5000 begeisterten Zuhörern.

Wir parken unsere drei Autos neben der Stiftskirche in Trebnitz. Meine Kollegen, meine Frau und unsere Mainzer Freunde waren noch nicht hier. Alle wissen von der Bedeutung des Ortes. Hier ist das Grab der Heiligen Hedwig, der Schutzpatronin der Schlesier. Ich bin froh darüber, daß sich alle erst die Kirche und die Klostergebäude von außen anschauen. Ich nutze die Gelegenheit und betrete allein die Kirche. Vor Aufregung klopft mir spürbar das Herz. Ich gehe durch das rechte Schiff zur Hedwigskapelle und stehe allein, für alles dankend, vor ihrem Hochgrab. Ich glaube an die Kraft ihrer Fürsprache.

Nachdem wir das Grab in der Hedwigskapelle, dem »schönsten Zeugnis der Frühgotik in Schlesien« mit ihren hoch aufstrebenden Fenstern und dem prunkvollen Altar, gedreht haben, machen wir Aufnahmen in der großen Stiftskirche. Ihre barocke Ausstattung täuscht darüber hinweg, daß es sich um eine romanische Basilika handelt, das älteste

derartige Bauwerk Schlesiens, entstanden in den Jahren 1203 bis 1240. Zum Schluß besuchen wir das Kloster, dessen großer Gebäudekomplex direkt an die Stiftskirche und die Hedwigskapelle anschließt und im Besitz der Schwestern vom heiligen Borromäus ist, die sich vor allem um die Pflege der Alten kümmern. Die aufgeschlossene, deutschsprechende Schwester Justina führt uns durch Gänge mit Tafeln der Klostergeschichte, zeigt uns Räume und die kleine Klosterkirche, den Hedwigsgarten im Klosterhof mit dem Denkmal der Heiligen und zuletzt die große Kaisereiche im großen Vorgarten. Unter ihr, so erzählt sie, richten die Borromäerinnen im Sommer für Leute, die das wünschen, Picknicks aus.

Das Hochgrab der Heiligen Hedwig, der Schutzpatronin der Schlesier, in der Hedwigskapelle in Trebnitz

Zum Schluß gibt sie uns ein kurzes Interview vor dem barocken Nordportal des Klosters.

»Wie sehen Sie die Heilige Hedwig?«

»Heute wird die Heilige Hedwig die Brückenbauerin genannt. Denn sie schlägt die Brücken zwischen Polen und Deutschen. Wir haben über das ganze Jahr hinweg sehr viele Gruppen, Touristen und Pilger, die hier zum Hedwigsgrab kommen, und es wird immer unterstrichen, daß Hedwig uns verbindet, die zwei Völker. Sie ist die Botin des Friedens.«

Abschied von Breslau, der 1000 Jahre alten und zugleich jungen Stadt, die mir durch unseren Aufenthalt noch mehr ans Herz gewachsen ist. Auch wenn Breslau heute keine deutsche Stadt mehr ist, bleibt sie die Hauptstadt von Niederschlesien. Die polnischen Menschen, die heute hier wohnen, werden durch die Bedingungen und die Anforderun-

Linke Seite: Die Stiftskirche und der Eingang von Kloster Trebnitz

Seite 208/209:
Gotische und
barocke Bauten
des ehemaligen
Klosters Leu-
bus, das älteste
und größte in
Schlesien

gen des Landes geprägt. Jede Landschaft formt mit der Zeit seine Menschen. Auch die deutsche Geschichte Schlesiens ging nicht verloren. Sie ist in Städten und Dörfern sichtbar, schaut aus Häusern, spricht aus Steinen und Büchern.

Das strahlende Wetter will uns in Breslau festhalten und zu vielen weiteren Aufnahmen verleiten. Aber der Drehplan muß eingehalten werden. Unser Kernteam fährt heute über mehrere Stationen, die wir filmen wollen, zurück nach Görlitz. Stefan Brauburger fliegt nach Frankfurt am Main. In der Redaktion wartet wichtige Arbeit auf ihn. Unsere Mainzer Freunde, die am Sonntag ein privates Fest feiern, fahren mit dem Auto direkt nach Hause. Jacek Gaczkowski, den wir noch als Dolmetscher benötigen, begleitet uns bis Bunzlau, meine Frau ist auf der ganzen Rückreise dabei. Die erste Station ist Kloster Leubus, das zirka 50 km westlich von Breslau an der Oder liegt. Hinter seinen hohen Mauern ist diese ehemalige Zisterzienserabtei die älteste und größte Klosteranlage in Schlesien. Wir parken unsere Autos unter Bäumen im großen rechteckigen Platz, auf dem gerade Vorbereitungen für ein dörfliches Fest laufen. Der gewaltige dreigeschossige Baukörper mit seiner Breite von 220 Metern und der Kirche mittendrin ist wegen der vielen Bäume von keiner Stelle aus zu überschauen. Der von 1681 bis 1720 entstandene Barockbau war das größte Klostergebäude nicht nur Schlesiens, sondern ganz Europas – der steingewordene Reichtum dieses Klosters, dessen Grundbesitz schon im 14. Jahrhundert mehr als 2500 Quadratkilometer umfaßte, etwa die Fläche des heutigen Saarlands. 1175 verlieh der polnische Herzog Boleslaw der Hohe den deutschen Zisterziensern, die aus Pforta in Sachsen hierherkamen, das Stiftungsdokument. Damit begann das deutsche Siedlungswerk im bis dahin polnischen Schlesien.

Während Jacek wegen einer Drehgenehmigung für den Fürstensaal nach Breslau telefoniert, umschreiten wir die riesige Anlage, die noch vor einem Jahrzehnt zu verfallen drohte. Jetzt sind mit Hilfe der deutsch-polnischen Stiftung alle Dächer mit roten Ziegeln neu gedeckt. Im fertig renovierten Fürstensaal dürfen wir filmen; in den anderen Innenräumen nicht. Wir nehmen an einer Führung teil und warten, bis die Leute aus dem Bild gegangen sind. Der Fürstensaal ist der größte und schönste Raum im ehemaligen

Kloster. Ein weiter, hoher, lichtdurchfluteter Saal. Zwei Fensterreihen übereinander, auf drei Seiten. Das Programm des Saales ist der Glorifizierung der Habsburger gewidmet, die von 1526 bis 1741 die Landesherren von Schlesien waren. Überlebensgroße Statuen von Kaiser Leopold I., Joseph I. und Karl VI. stehen an den drei Seiten. Auf der Eingangsfront hält ein Atlas eine Empore, die sich über die gesamte Breite des Saales zieht. Zwischen den Fensterreihen hängen zehn mit Putten umgebene Gemälde des Niederländers Christian Philipp Bentum. Die gesamte Decke überspannt ein 360 Quadratmeter großes Gemälde, das vom gleichen Künstler stammt und ebenso in vielen Motiven eine Verherrlichung der Habsburger darstellt.

1995 hatten wir die Renovierung des Saales gedreht. Jetzt bin ich froh, daß wir den Zuschauern seinen fertigen Zustand präsentieren können.

»Das ist etwas ganz Besonderes hier«, sagt der sonst in seinen Äußerungen so zurückhaltende Kameramann Lothar Franzke, »der Saal ist wunderschön!«

Für die Kirche haben wir keine Drehgenehmigung, aber Jacek hat vom Wärter am Eingang der Klosteranlage einen Tip bekommen, wie wir vom Innenhof über einen Schleich-

Die Vorderfront des barocken Hauptgebäudes von Kloster Leubus mit der Stiftskirche in der Mitte

weg hineingelangen können. Wir finden eine verstellte Tür und landen in den langen Gängen eines hohen Kreuzganges, der auf seine Renovierung wartet. Alles ist in dieser Anlage überdimensional. Einen Eingang zur Kirche finden wir weder im Parterre noch im ersten Stock des riesenhaften Vierecks. Wir gehen noch einmal zu dem Wächter. Jetzt schließt er uns selbst die Kirche auf, obwohl wir keine Drehgenehmigung für sie haben.

»Ich schließe sie nur auf«, übersetzt Jacek seine Worte, »machen Sie, was sie wollen. Ich war nicht dabei.«

Das ist gekonnte Schlitzohrigkeit. Ein bißchen über das Erlaubte. Wir sind dem Wächter sehr dankbar.

Die gotische Stiftskirche, die Anfang des 14. Jahrhunderts gebaut wurde, ist noch immer in ihrem erbärmlichen Zustand, den wir 1995 gefilmt haben. Die Inneneinrichtung der Klosteranlage fiel vor allem den sowjetischen Truppen zum Opfer, die viele Gegenstände einfach verheizten. In der benachbarten Fürstenkapelle, früher Bestattungsort der Piastenherzöge, werden heute Reste von Steinskulpturen aufbewahrt. Erhalten sind im gotischen Gewölbe der Kapelle nur die Malereien mit dem schlesischen Adler. Für die riesige Anlage des ehemaligen Klosters hat der Eigentümer, die seit 1989 bestehende Stiftung Leubus, noch kein schlüssiges Gesamtkonzept. Könnte dieses Kulturdenkmal von allererstem Rang nicht einer gesamteuropäischen Universität oder Wirtschaftshochschule als Platz dienen? Die Wiederherstellung der großen Anlage wäre eine internationale Aufgabe.

Über Dorfstraßen fahren wir von Kloster Leubus nach Liegnitz. Die schlesischen Dörfer haben ihren eigenen Charme. Ich hätte Lust, an einem Bauernhof anzuhalten, mich umzuschauen, Fragen zu stellen. Aber unser Tagesprogramm wäre damit gefährdet. Auf einer Wiese mit einem Bachlauf sehe ich plötzlich viele Kühe, nach dem Bankrott der großen Genossenschaften ein in Schlesien eher seltenes Bild. Ich bitte meinen Kameramann, die Tiere zu filmen. Und auch die schöne Landschaft aus dem fahrenden Auto. Wir sind in Liegnitz. Mit seinen 100 000 Einwohnern ist es nach Breslau und Waldenburg die drittgrößte Stadt Niederschlesiens. Der Wiederaufbau der Stadt, vor ihrer Zerstörung im Zweiten Weltkrieg eine der schönsten in Schle-

sien, ist nicht gerade gelungen. Wir halten vor der Kirche St. Peter und Paul, die aus dem 14. Jahrhundert stammt, aber durch viele bauliche Veränderungen heute ein neugotisches Aussehen hat. Dann passieren wir das barocke »alte« Rathaus und die »Heringsbuden«, acht schmale, zweistöckige Häuser. Weiter geht es zur Ritterakademie. In der Pfarrkirche St. Johannes schräg gegenüber findet gerade eine Hochzeit statt, so daß wir auf eine Besichtigung der bedeutenden Kirche mit dem Piastenmausoleum verzichten. Das Wetter schlägt völlig unerwartet um. Wir gehen dennoch zum Schloß und filmen seine Außenmauern und das schöne Renaissanceportal. Bis 1945 war hier der Sitz des Regierungspräsidiums. Mir ist Liegnitz schon ein Begriff aus meiner Kindheit. Auf dem Ortsschild meines Geburtsortes stand unter dem Namen des Kreises »Regierungsbezirk Liegnitz«. Meine Mutter stellte in der Adventszeit »Liegnitzer Bomben« her, runde kleine Formen aus dunklem Pfefferkuchenteig.

Jacek fragt Passanten nach der ehemaligen Wilhelmstraße. Dort soll die polnische Nachfolgefirma der Seiler-Klavierwerke sein. In unserem Hotel in Breslau hatten wir eine Ursula Seiler, die Inhaberin der Seilerpianofortefabrik in Kit-

Die Kirche St. Peter und Paul in Liegnitz mit dem alten Rathaus

Seite 216/217:
Die sogenann-
ten »Herings-
buden« am
Liegnitzer Ring

zingen, kennengelernt und ihr versprochen, nach ihrer ehemaligen Firma in Liegnitz zu schauen. Wir finden die Gebäude. Aber am Samstag wird nicht gearbeitet.

Nur wenige Kilometer sind es zum Kloster Wahlstatt, dessen Bau aus dem 18. Jahrhundert stammt und das an die
Mongolenschlacht 1241 erinnert. Die Heilige Hedwig hatte
hier eine Propstei zum Andenken an ihren gefallenen Sohn
gestiftet. Der schöne Gebäudekomplex ist das Werk des bedeutenden Baumeisters Kilian Ignaz Dientzenhofer. Ein
Schild in Polnisch, Englisch und Deutsch verrät auch den
Schöpfer der Fresken, Cosma Damian Asam. Leider ist die
Kirche verschlossen. Doch 1995 haben wir hier aufwendig
gedreht, und ich kann die früheren Innenaufnahmen verwenden.

Bunzlau ist unsere letzte heutige Drehstation. Die Hoffnung unserer Kollegin Cornelia Esche, hier noch Bunzlauer Tongeschirr kaufen zu können, hat sich zerschlagen. Das
Geschäft, das ihr als preiswerter und besonders guter Tip
genannt wurde, ist bereits geschlossen. Das Wetter ist zu
trübe, um außer dem Ring noch etwas anderes zu drehen.
Wir nutzen die letzte Chance für ein Teamfoto mit Jacek
Gaczkowski, dem so sympathischen polnischen Kollegen,
der nun mit dem Autoaufpasser nach Breslau zurückfährt.
Wie sehr hat er uns geholfen. Ohne ihn hätten wir unser
Programm nicht geschafft.

»Danke für alles!«

»Viel Erfolg für den Film und das Buch!«

Am frühen Abend sind wir bereits in Görlitz. Die Altstadt
ist voller Leute. Das Straßentheaterfestival zieht, wie ich
gehört habe, jedes Jahr mehr Zuschauer an. So belebt wie
heute müßte die schöne Altstadt immer sein.

Zusammen schauen wir das Gefilmte vom Tage an, das wieder sehr gelungen ist.

Meine Frau ist beeindruckt von der Arbeit von Lothar
Franzke, der ein früherer Schulkamerad von ihr ist.

»Ich fand den Tag sehr anstrengend. Was ihr so schuften
müßt«, faßt sie ihre Beobachtungen zusammen.

»Das war heute nichts Besonderes«, antwortet der Kameramann, »da haben wir schon ganz andere Tage hinter
uns gebracht.«

Rechte Seite:
Die barocke
Kirche
St. Hedwig
von Kloster
Wahlstatt bei
Liegnitz

Das Kamerateam will in sein Lieblingslokal zum Essen. Ich gehe mit meiner Frau an den Menschentrauben vorbei, die um die Theatergruppen stehen, über den Untermarkt zur Rathaustreppe. Weil wir morgen hier vor dem Rathaus das Interview mit dem Oberbürgermeister drehen, will ich mir ein Bild vom Zustand der Erdarbeiten machen. Das Pflaster ist zwar noch nicht gelegt, aber die hohen Sandberge sind verschwunden. Mit einem Umweg über die nun zur Fußgängerzone umfunktionierte Brüderstraße und den immer schöner werdenden Obermarkt gehen wir zurück zum Hotel. Bei einem Rheingauerwein aus Wiesbaden, der Partnerstadt von Görlitz, schreibe ich die Interviewfragen an den Oberbürgermeister und meine Schlußmoderation für den Film.

Am Sonntag morgen haben wir wieder strahlendes Sommerwetter. Auf dem Untermarkt sind alle Spuren des Theaterfestivals bereits beseitigt. Der Oberbürgermeister ist schon vor der verabredeten Zeit da. Wir tauschen einige Informationen aus, dann beginnen wir das Interview. Professor Karbaum nennt die besondere Situation der Stadt, ihre Randlage, die hohe Arbeitslosigkeit, den Weggang der Jugend. Aber diese geographische Lage sei zugleich die Chance für ihre Zukunft.

»Wir werden in den nächsten Jahren einen ganz ungewöhnlichen Schritt nach über fünfzig Jahren Randlage erleben können, den Schritt, in einem geeinten Europa plötzlich zentral zu liegen. Das ist eine ganz andere Situation als die, die wir seit 1945 haben. Diese Situation müssen und wollen wir nutzen. Das wird die Grundlage sein für den Weg dieser wunderbaren Stadt.«

Ich verweise auf unseren Titel »Schlesische Reise – 1000 Jahre Breslau«.

»Was empfinden Sie dabei?«

»Wir sind ja die größte Stadt Schlesiens auf deutschem Boden. Für mich ist das Wort Schlesien nach wie vor ein besonderes Wort. Ich bin hier in der DDR aufgewachsen mit der Intention, daß Schlesien ein Unwort ist, das man gar nicht aussprechen darf. Ich beobachte, wie leicht und unbefangen die Polen mit dem Wort Schlesien umgehen. Hier können wir von unserem Nachbar lernen. ›1000 Jahre Breslau‹ bedeutet für mich auch eine fast tausendjährige Verbindung zwischen beiden Städten. Hier lebt eine Region, hier nehmen wir gegenseitig Anteil aneinander. Deswegen war es für mich auch eine große Freude, bei den Festlichkeiten in Breslau mit dabeisein zu dürfen.«

»In Breslau spricht man ganz offiziell vom schlesischen Traum einer schönen Zukunft. Wie würden Sie Görlitz in diesen Traum mit einbeziehen?«

»Wir wollen diesen Traum gern mitträumen, und wir wollen unseren Beitrag dazu leisten, ihn Realität werden zu lassen. Wir wollen gemeinsam mit unserem Nachbarn über Schlesien sprechen, schlesische Geschichte aufarbeiten, schlesisches Brauchtum pflegen und erhalten, die schlesische Vergangenheit bewahren. Alles das gemeinsam mit unserem Nachbarn, das halte ich für eine enorme Leistung nach den schlimmen Ereignissen des Zweiten Weltkriegs. Wenn wir das gemeinsam schaffen, dann ist Europa ein richtiges Stück weiter zusammengewachsen.«

Ich lese meine Schlußmoderation den Kollegen vor. Sie finden sie in ihrem Inhalt und in ihrer Form richtig. Vor dem Brunnen des Untermarkts mit dem Rathaus im Hintergrund spreche ich die Sätze: »Wir sind an den Ausgangspunkt unserer schlesischen Reise zurückgekehrt – in den deutsch gebliebenen Zipfel von Schlesien – nach Görlitz.« Diese Information muß ich für diejenigen Zuschauer einfügen, die nur den zweiten Teil der beiden Filme sehen und vom deutsch gebliebenen Teil Schlesiens nichts wissen. »Das Fazit unserer Reise: Die Polen in Niederschlesien mit der faszinierenden Hauptstadt Breslau fühlen sich als Schlesier und sind dabei, die 700jährige deutsche Geschichte des Landes zu entdecken. 1000 Jahre Breslau – die Feiern und unsere Reise haben gezeigt: Schlesien versteht sich zunehmend wie früher als chancenreiche Brücke in Mitteleuropa.«

Dann nutzen wir die schöne Sonne, um noch einige Szenen aus der Altstadt von Görlitz nachzudrehen, und treffen meine Frau mit der Nachbarin aus unserem Wohnort, die zum ersten Mal hierher nach Görlitz gereist ist.

»Was ist das für eine schöne Stadt!« sagt sie anerkennend, »das habe ich gar nicht so erwartet.«

*Das Team auf dem Bunzlauer Ring.
Von links nach rechts: Jacek Gaczkowski, Cornelia Esche, Lothar Franzke, Ekkehard Kuhn*

»Das geht vielen Leuten so, die zum ersten Mal nach Görlitz kommen. Ich hoffe, daß es nach unseren Filmen viel mehr werden.«

Wir haben in den letzten Wochen gut gearbeitet und Glück mit dem Wetter gehabt. Jetzt gilt es, aus den vielen gelungenen Szenen ein gutes Buch und gute Filme zu machen. Morgen früh verlassen wir Schlesien, das schöne Land, das mir so sehr am Herzen liegt und dessen Zukunft ich mit meinen Mitteln mit beeinflussen möchte und von dem ich in Film und Buch gern noch mehr gezeigt hätte. Ich denke an Waldenburg, an den Wallfahrtsort Albendorf, an Glatz, an das Kloster Heinrichau, an Brieg. An das ganze Oberschlesien, das fehlt. Unsere Reise hat Lücken. Aber mehr war nicht möglich, unsere Zeit begrenzt.
Ich danke zum Abschied in Görlitz meinen Kollegen, die so großartig gearbeitet haben und die das Land Schlesien auch schon »gepackt« hat. Ohne ihre Hilfe, ohne eine gute Kamera und einen guten Ton kann ich mit der Cutterin keinen guten Film fertigstellen. Ich wünsche mir viele Leser und Zuschauer für die »Schlesische Reise«, für die das Jubiläum »1000 Jahre Breslau« solch ein schöner Anlaß war. Ich

möchte angedenk der beeindruckenden »Auferstehungssinfonie« von Gustav Mahler, die hier in der Görlitzer Peterskirche 1996 aufgeführt wurde, mein Buch mit denselben
Worten abschließen, wie mein erstes Schlesienbuch.

Dem vom Krieg verwüsteten Schlesien, dessen Bewohner
gegen ihren Willen ausgetauscht wurden, hatte der Untergang gedroht. Die Entwurzelung der Heimatlosen hier und
dort ließ keine Zukunft ahnen. Aber das Land ist wieder-
auferstanden. Schlesien lebt und ist gerade wegen seiner
Brückenfunktion ein Land mit Zukunft.

2. Auflage November 2000

Ullstein Berlin ist ein Unternehmen der
Econ Ullstein List Verlag GmbH & Co. KG

Fotos: Ekkehard Kuhn
Satz und Layout: VerlagsService Dr. Helmut Neuberger
& Karl Schaumann GmbH, Heimstetten
Gesetzt aus der 12/14 Punkt Cochin
Druck und Verarbeitung: Druckhaus Mitte, Berlin

Printed in Germany 2000

ISBN 3-89834-021-X